VISUAL

日経文庫　ビジュアル

ロジスティクス がわかる

小野塚征志
ONOZUKA MASASHI

日本経済新聞出版

まえがき

　「2024年問題」の発生は物流への関心を飛躍的に高めました。様々なメディアが宅配便をはじめとするトラック輸送での人手不足を報じましたが、トラックは物流を構成する重要な機能の1つに過ぎません。

　実のところ、物流業界に属していても、物流の全体像を把握できている人は限られます。運送会社は海運会社や倉庫会社のことをどの程度知っているでしょうか。荷主業界での変化をどの程度認識しているでしょうか。直接の取引先はまだしも、同業他社の動向でさえ把握していない物流会社は少なくないのです。

　物流市場は総じて堅調で、取引関係は安定しているため、事業環境を俯瞰的に把握せずとも問題は生じませんでした。この状況が劇的に変わろうとしています。先進技術の進歩と活用の拡大により物流の脱労働集約が進展し、規模の経済性が効くようになるからです。

　実際、大手の運送会社がフォワーダーや3PLといった異なる属性の物流会社を買収し、グローバル競争を勝ち抜こうとするなど、領域の境を超えたM&Aが拡大しています。荷主企業による競合間での共同物流もめずらしくなくなりました。マテハン機器メーカーやデベロッパーが物流サービスを提供することも十分

に考えられます。物流の全体像を把握できている人だけが、このボーダレスな変化を先見し、ビジネスチャンスとして活かすことができるのです。

　本書は、物流の事業環境や機能構成はもちろんのこと、物流会社の種類や特徴、荷主業界の動向、メーカーやデベロッパーといった物流を支える事業者の概要を解説しています。荷主企業や物流会社における物流戦略のあり方、未来への展望もわかる内容です。定量的なデータ、企業リストも豊富に掲載しています。「物流会社や荷主企業の物流部門に所属している人」だけではなく、「物流戦略を考える経営者」「物流革新を事業機会と捉える起業家や投資家」「物流を学ぼうとする学生」にとっても多様な学びがあるはずです。

　人手不足のさらなる深刻化を見据えるに、物流の脱労働集約なくして日本経済の再生は成し得ません。本書の読者が物流での新たな事業機会を見つけるだけではなく、業界全体の進化を牽引し、世界に先駆けて装置産業化が実現されることを願っています。

　2024年11月

小野塚　征志

ロジスティクスがわかる
目　次

序章　物流の重要性

1. なぜ物流が注目されているのか?　…… 12
2. 物流とは何なのか?　…… 14
3. 物流が止まるとどうなるのか?　…… 16
4. どうすれば物流を止まらなくできる?　…… 18
5. 物流はどう変わろうとしているのか?　…… 20

Coffee Break ❶　物流とロジスティクス　…… 22

第1章　物流の機能

6. 物流の6つの機能　…… 24
7. 輸配送＝モノを運ぶこと　…… 26
8. トラック輸送＝最も使いやすい輸送手段　…… 28
9. 海上輸送＝最も大量にモノを運べる輸送手段　…… 30
10. 鉄道輸送＝最もエコにモノを運べる輸送手段　…… 32
11. 航空輸送＝最も早くモノを運べる輸送手段　…… 34
12. 保管＝モノを適切な状態で置いておくこと　…… 36
13. 物流施設＝輸配送と保管の基点　…… 38
14. 荷役＝モノを運ぶときに必要な作業をすること　…… 40
15. 物流設備＝荷役を省人化する機械　…… 42
16. 流通加工＝モノを生産拠点以外で加工すること　…… 44
17. 包装＝モノを適切な資材・容器などに収納すること　…… 46
18. 物流資材＝保管・荷役・包装を効率化するツール　…… 48

19	情報＝物流の今や未来を最適化すること	50
20	物流管理システム＝情報を効果的に活用するツール	52
Coffee Break❷	サプライチェーンマネジメント	54

第2章 物流の事業環境

21	物流を取り巻く事業者	56
22	物流市場と物流費	58
23	物流市場の概況	60
24	物流費の概況	62
25	日本の物流の特徴	64
26	物流と経済発展の関係性	66
Coffee Break❸	物流＝経済の血脈	68

第3章 物流会社

27	物流会社とは？	70
28	運送会社① 輸送主体	72
29	運送会社② 運送形態	74
30	運送会社③ 事業性	76
31	海運会社	78
32	鉄道会社	80
33	航空会社	82
34	倉庫会社	84
35	フルフィルメント事業者	86
36	ターミナルオペレーター	88
37	フォワーダー	90
38	マッチング事業者	92

39	3PL	94
40	日本を代表する物流会社	96
41	世界を代表する物流会社	98
Coffee Break ❹	モーダルシフト	100

第4章 荷主企業・業界

42	荷主とは？	102
43	荷主業界とは？	104
44	自動車業界	106
45	家電業界	108
46	化学業界	110
47	建設業界	112
48	アパレル業界	114
49	食品・飲料業界	116
50	医薬品業界	118
51	小売業界	120
52	EC業界	122
53	荷主にとっての物流とは？	124
Coffee Break ❺	CLO（Chief Logistics Officer）	126

第5章 物流機械・システムメーカー

54	物流機械・システムメーカーとは？	128
55	トラックメーカー	130
56	その他輸送機械メーカー	132
57	マテハン機器メーカー	134
58	ソフトウエアメーカー	136

59 システムインテグレーター ……………………… 138
60 リース・レンタル事業者 ………………………… 140
61 デベロッパー 142
62 物流を支える事業の質的変化 …………………… 144
Coffee Break ⑥ 物流政策 146

第6章 物流の最適化

63 物流の最適化とは？① 適切な品質水準 ………… 148
64 物流の最適化とは？② 生産性の最大化 ………… 150
65 物流の最適化に向けたアプローチ ……………… 152
66 見える化① 収益の見える化 ……………………… 154
67 見える化② 業務の見える化 ……………………… 156
68 見える化③ 真因の見える化 ……………………… 158
69 変革① 物流戦略の策定 …………………………… 160
70 変革② 戦略・現状に即した変革 ………………… 162
71 変革③ 現場での変革 ……………………………… 164
72 変革④ 垂直連携での変革 ………………………… 166
73 変革⑤ 水平連携での変革 ………………………… 168
74 仕組み化① PDCAサイクルの構築 ……………… 170
75 仕組み化② 推進力の獲得・強化 ………………… 172
76 マインドトランスフォーメーションの重要性 … 174
Coffee Break ⑦ 物流＝最後の暗黒大陸 ……………… 176

第7章 物流の未来

77 物流の未来とは？ …………………………………… 178
78 フィジカルインターネット ……………………… 180

79	サプライウェブ	182
80	自律輸送	184
81	ロボット	186
82	自動認識	188
83	需要予測	190
84	ダイナミックプライシング	192
85	カーボンニュートラル	194
86	貨客混載	196
87	D to C（Direct to Consumer）	198
88	リバースロジスティクス	200
89	リスクマネジメント	202
90	ロジスティクス革命	204
Coffee Break 8	物流と人流	206

序章

物流の重要性

1 なぜ物流が注目されているのか？

▶ 社会のインフラである物流の危機

　新型コロナウイルス感染症の流行は、物流の重要性を再認識する機会となりました。コロナ禍にあってもモノを運び続けてくれたからこそ、社会生活を維持できたのです。

　その物流が危機に瀕しています。2024年4月から時間外労働の上限規制がトラックドライバーにも適用されるようになったこともあり、人手不足に拍車がかかりました。

　物流は労働集約型の産業であるがゆえに、人手不足は能力の低下に直結します。社会のインフラである物流機能の維持が困難になりつつあるのです。

▶ 物流は日本経済再生の原動力

　自動運転、ロボット、AIといった先端技術の進歩と実用の拡大はこの状況を一変させます。物流を人手に依存しない装置産業へと生まれ変わらせることができるからです。

　それは危機からの脱却を意味するだけではありません。新たな物流ビジネスの創造にもつながります。

　様々な企業・個人をつなぐ物流が進化すれば、自ずと社会全体の競争力も高まります。物流の危機は社会基盤を揺るがしかねないリスクであると同時に、日本経済再生への原動力となる可能性もあるからこそ、その進化は大きな注目を集めているといってよいでしょう。

物流を取り巻く「危機」と「進化」

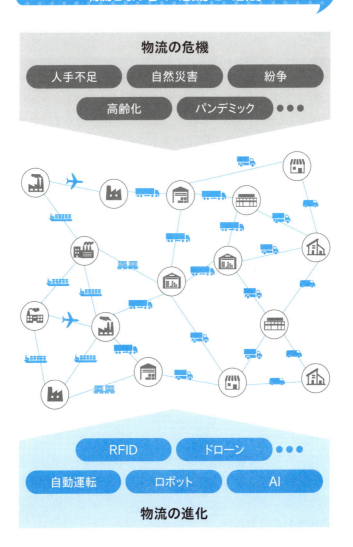

2 物流とは何なのか？

▶「物流＝宅配」ではない

　物流危機を報じるテレビ番組を見ると、必ずといっていいほど宅配便のトラックが映し出されます。物流というと、多くの人は宅配便を思い浮かべるでしょう。

　しかしながら、トラック輸送に占める宅配の割合はわずか1％です。「物流＝宅配」ではないのです。

▶「物流＝トラック輸送」ではない

　では、「物流＝トラック輸送」なのでしょうか。確かに、輸送したモノの重量だけを見るトンベースでのトラックの割合は9割を超えますが、それに距離を乗じたトンキロベースになると5割強に低下します。長距離輸送では船舶をはじめとしたトラック以外の輸送手段を活用することが増えるわけです。

▶「物流＝輸配送」ではない

　日本全体の物流費の内訳を紐解くと、輸配送費の割合は66％ほどです。残りはモノの保管、荷役や流通加工といった作業などに要する費用です。つまり、「モノを運ぶ」というプロセスは物流の一部に過ぎません。「物流＝輸配送」ではなく、保管、荷役、流通加工、包装などを含めた活動の総体なのです。

国内物流の構成

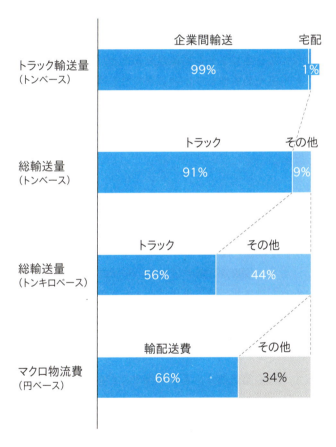

注：「トラック輸送量」「総輸送量」は2022年度実績、「マクロ物流費」は2021年度実績
出所：国土交通省「宅配便等取扱実績」「自動車輸送統計調査」「内航船舶輸送統計調査」「鉄道輸送統計調査」「航空輸送統計調査」、日本ロジスティクスシステム協会『2023年度物流コスト調査報告書』（2024年3月）をもとに筆者作成（筆者による推計を含む）

3 物流が止まるとどうなるのか？

▶ モノが手に入らなくなる

社会のインフラである物流が止まるとどうなるのでしょうか。一番イメージしやすいのは、宅配便が動かなくなり、家に何も届かなくなることでしょう。

モノが届かなくなるのは家だけではありません。お店にも届かなくなります。物流が止まると、日々の生活を送るために必要なモノが手に入らなくなるのです。

▶ モノを作れなくなる

工場でモノを作るときには、原材料を調達する必要があります。そして、工場で作ったモノは納品先まで運ぶ必要があります。物流が止まれば、こういった生産活動はすべてストップします。モノを作ることも売ることもできなくなるのです。

▶ ライフラインが止まる

日本の総発電量に占める火力発電所の割合は7割を超えます。その燃料となる天然ガスや石炭などは輸入に依存しています。物流が止まり、輸入品が届かなくなれば、電力供給も停止せざるを得ません。ガスはもちろんのこと、電力を必要とする水道も途絶えます。生活の維持が不可能になることは確実です。

物流が止まることの影響

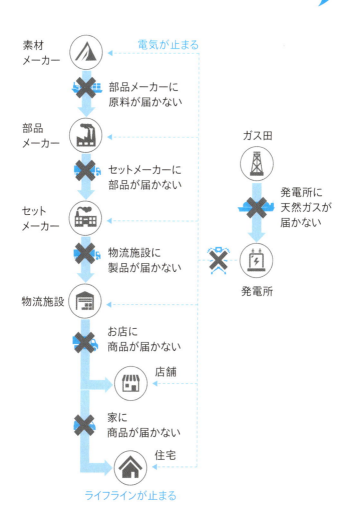

4 どうすれば物流を止まらなくできる？

▶ 今ある物流の維持＝人手の確保

物流は極めて労働集約的な産業です。より多くのモノをより遠くに運ぼうとすれば、その分だけ人手を増やさなければならないからです。

1台のトラックに積みきれなければ、2台目のトラックと、それを運転するドライバーが必要になります。輸送距離が伸びれば、その分だけドライバーの労働時間も長くなります。

より多くのモノを運ぶためにトラックを大きくするといっても限界があります。船舶や鉄道を利用したとしても人手が不要になるわけではありません。物流を止めまいとすれば、それを可能とするだけの人手が必要となるのです。

▶ 持続可能な物流の実現＝先端技術の進歩と活用

自動運転トラックが実用化すれば、この状況は一変します。人手を増やさずともより多くのモノをより遠くに運べるようになるからです。

海上輸送にしても、物流施設内での作業にしても、自動化が進展しつつあります。人手の確保は物流を止めないために必要な対策ではありますが、持続可能な物流を実現するためには、先端技術の進歩と活用の拡大が欠かせないのです。

物流能力＝労働生産性×労働時間×労働者数

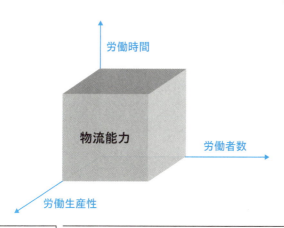

労働生産性	・1人あたりの作業量を増やす（積載率の向上、大型トラックの利用など） ・技術革新により人なしでも作業できるようになる（自動運転、ロボットなど） ➡ 脱労働集約を実現できる可能性
労働時間	・1人あたりの作業時間を増やす（荷待ちをはじめとするムダな待機時間の削減など） ・働き方改革の実現に向けて長時間労働の抑制が求められる ➡ 労働時間の持続的拡大は困難
労働者数	・労働者の人数を増やす（外国人労働者の受入など） ・少子高齢化により国内の生産年齢人口は今後も減少し続ける ➡ 労働者数の持続的拡大は困難

5 物流はどう変わろうとしているのか？

▶ 物流におけるイノベーションの変遷

物流は今までに3回の進化を遂げています。第1の革新は「輸送の機械化」です。帆船から汽船・機船への転換、鉄道網の整備、トラックの登場などにより大量輸送時代が幕開けしました。

第2の革新は「荷役の自動化」です。フォークリフトの普及、自動倉庫の実用化、海上輸送のコンテナ化などにより荷役作業の労働生産性が向上しました。

第3の革新は「管理・処理のシステム化」です。様々なシステムの活用が広がることで、物流管理や事務処理の効率化が図られました。

▶ ロジスティクス4.0とは？

ロジスティクス4.0とは、現下進みつつある第4の革新です。省人化と標準化による「物流の装置産業化」が起きつつあるのです。

物流会社からすれば、今までのビジネスモデルに対する破壊的脅威であると同時に、今までにはない飛躍的成長を実現する創造的革新の契機ともなります。物流ビジネスへの参入を企図する荷主やメーカーにとっては、またとない好機といってよいでしょう。物流の世界は、今、まさに歴史的な変革期を迎えつつあるのです。

物流の革新

ロジスティクス 1.0
（20世紀〜）

輸送の機械化

- トラックや鉄道による陸上輸送の高速化・大容量化
- 汽船・機船への転換による海上輸送の拡大

ロジスティクス 2.0
（50-60年代〜）

荷役の自動化

- フォークリフトの普及、自動倉庫の実用化
- 海上輸送のコンテナ化による海陸一貫輸送の実現

ロジスティクス 3.0
（80-90年代〜）

管理・処理のシステム化

- WMSやTMSによる物流管理のシステム化
- NACCSの導入による通関や各種手続処理の電子化

ロジスティクス 4.0
（現代）

物流の装置産業化

- 自動運転やロボットなどの普及による省人化
- 物流が企業・業界の壁を越えてつながることでの標準化

省人化

ロジスティクスの各領域において人の操作や判断を必要とするプロセスが大きく減少する

↓

オペレーションの主体が機械やシステムに置き換わることで、人や会社による差が小さくなる

標準化

ロジスティクスに関する様々な機能・情報がつながることで、物流会社や輸送ルート・手段などをより柔軟に組み替えられる

↓

より多くの荷主・物流会社と機能・情報を共有できるオペレーションの均質性・柔軟性が重要となる

「運ぶ」「保管する」「梱包する」「手配する」といった基本業務は装置産業化する

「新しいサービスを設計する」「対面でコミュニケーションする」「不測の事態に対処する」などの非定型な業務は装置産業化が進むまでに相応の時間を要する

物流とロジスティクス

「物流」の語源は「物的流通」です。英語には、輸送、荷役、保管などの機能を指す用語として「Physical Distribution」という言葉がありました。この用語を米国から持ち帰った日本では、当初「物的流通」と直訳し、いつしか「物流」と略するようになったのです。

対して、「ロジスティクス」の語源は「兵站」です。元々は戦争遂行に必要なモノを供給する後方支援を指す軍事用語でした。それが1980年代になって企業経営の世界に持ち込まれました。

日本では、語源の相違に加えて、モノの供給全体を対象とするロジスティクスは物流より概念が広いとの解釈があります。実際、日本産業規格（JIS）での物流とロジスティクスの定義は若干異なっています。

とはいえ、米国で「Physical Distribution」という言葉はほとんど使われなくなりました。物流を表す言葉は「Logistics」になったのです。米国人に「物流とロジスティクスは違う」と言っても通じないでしょう。

本書では、以上の経緯を踏まえ、物流とロジスティクスは実質同義語として取り扱うこととします。

第 1 章

物流の機能

物流の6つの機能

▶ 物流を構成する6つの機能とは?

　物流は、「輸配送」「保管」「荷役」「流通加工」「包装」「情報」の6つの機能から成り立っています。
「輸配送」は、トラックや船舶などを使ってモノを移動させることです。「保管」は、モノを一定期間、適切な状態で置いておくことを指します。「荷役」は、モノの積み下ろしや仕分けなどの作業のことです。「流通加工」は、生産拠点以外で行われる値札の貼付や詰め合わせなどの作業です。「包装」は、モノの価値や状態を維持するために適切な資材・容器などに収納することです。「情報」は、物流の現在状況や将来計画などを把握し、より適切な打ち手を迅速に実行することで最適化を図ろうとする取り組みです。

▶ 「輸配送」が中心とはいえ他の機能も不可欠

　物流というと、トラックでの輸配送をイメージする人が多いのではないでしょうか。確かに輸配送は物流費の過半を占めますが、裏を返せばそれ以外の5つの機能に半分近くのコストを要しているということです。
　物流はこの6つの機能によって構成されるからこそ、輸配送以外を主事業とする物流会社も存在します。物流の最適化やイノベーションを進めるにあたっては、輸配送以外の機能も含めた全体を視野に入れることが肝要です。

物流の機能・構成

🚚	輸配送	モノを運ぶこと
🏢	保管	モノを適切な状態で置いておくこと
🚜	荷役	モノを運ぶときに必要な作業をすること
💻	流通加工	モノを生産拠点以外で加工すること
📦	包装	モノを適切な資材・容器に収納すること
📊	情報	物流の今や未来を最適化すること

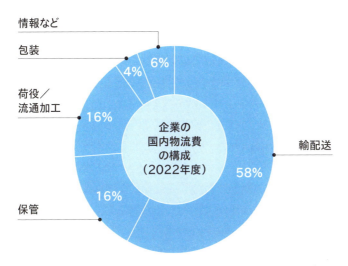

企業の国内物流費の構成（2022年度）
- 情報など 6%
- 包装 4%
- 荷役／流通加工 16%
- 保管 16%
- 輸配送 58%

出所：日本ロジスティクスシステム協会『2023年度物流コスト調査報告書』（2024年3月）をもとに筆者作成

7 輸配送＝モノを運ぶこと

▶ 身近な「配達」「配送」

大半の人にとって、最も身近な輸配送はモノを自宅まで届けてくれる「配達」でしょう。宅配便はもちろんのこと、フードデリバリーや新聞配達なども「配達」の一種です。

商品を店舗に「配送」するトラックも日常に溶け込んだ存在です。倉庫に製品を搬入したり、工事現場に資材を届けたり、不用品を回収したりするトラックを目にすることも多いのではないでしょうか。

▶ 世界をつなぐ「輸送」

序章の2にも記したように、国内の総輸送量に占めるトラックの割合はトンベースで9割を超えますが、輸送重量に距離を乗じたトンキロベースとなると5割強です。長距離の「輸送」となると、船舶、鉄道、航空機を利用することが増えるからです。

各地で収穫された野菜や果物、製品やその原材料となる素材・部品、石油や天然ガスなど、実に多様なモノが「輸送」されます。重量が大きく、リードタイムに余裕がある生産財ほど、船舶や鉄道の利用が増えるという構図です。

日本は島国であるがゆえに、輸出入は船舶と航空機に頼らざるを得ません。中でも大量にモノを運べる船舶への依存度は高く、トンベースでの割合は99％を超えます。

国内輸送の分担率（2022年度）

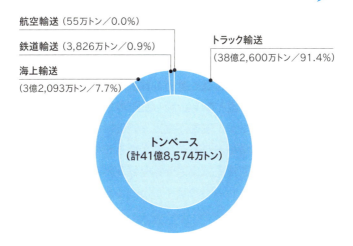

航空輸送（55万トン／0.0%）
鉄道輸送（3,826万トン／0.9%）
海上輸送
（3億2,093万トン／7.7%）
トラック輸送
（38億2,600万トン／91.4%）

トンベース
（計41億8,574万トン）

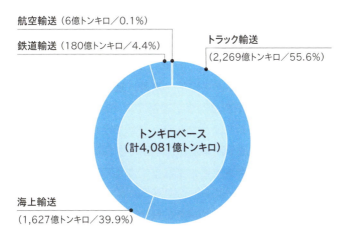

航空輸送（6億トンキロ／0.1%）
鉄道輸送（180億トンキロ／4.4%）
トラック輸送
（2,269億トンキロ／55.6%）

トンキロベース
（計4,081億トンキロ）

海上輸送
（1,627億トンキロ／39.9%）

出所：国土交通省「自動車輸送統計調査」「内航船舶輸送統計調査」「鉄道輸送統計調査」「航空輸送統計調査」をもとに筆者作成

8 トラック輸送＝最も使いやすい輸送手段

どこでも積み下ろしが可能

　モノを輸送するとなったとき、まずはトラックに載せることが通例です。港や駅を併設した工場もありますが極めて例外的だからです。船舶、鉄道、航空機を利用するにしても、最初と最後はトラックに頼らざるを得ません。

　トラックであればどこでもモノを積み下ろすことができます。一台を専属利用しやすいことも特長です。

モノの種類や輸送条件に応じて最適なトラックを選択

　最も目にする機会の多いトラックは架装（荷台の装備）が箱形のバンボディでしょう。バンボディの両側が開閉するウイングボディ、架装部分が着脱可能なスワップボディなどもあります。他にも、架装がフラットな平ボディ、冷蔵・冷凍装置の付いた冷蔵・冷凍車、液体や気体を輸送するタンクローリー、自動車を運搬するキャリアカーなど、モノの種類に応じて様々なトラックが存在します。トラクターに牽引されるトレーラーもトラックの一種です。

　トラックの大きさは最大積載量によって区分することが一般的です。2トン以下の小型トラックは宅配やコンビニへの配送、4トンクラスの中型トラックは大型店への配送、10トンクラスの大型トラックは長距離輸送というように、輸送先や距離などの条件に応じて使い分けられています。

トラックの種類と特徴

トラックの形状(例)

バンボディ
架装が箱形で後方から積み下ろしする

ウイングボディ
バンボディの両側が開くため短時間に積み下ろせる

スワップボディ
架装部分を着脱できるため積み下ろしを待たずに済む

平ボディ
架装がフラットで汎用性に優れる

冷蔵・冷凍車
冷蔵・冷凍装置が付いており温度を一定に保てる

タンクローリー
高強度な円筒状のタンクで液体や気体を輸送する

キャリアカー
自動車を固定して運搬できる設備を有する

トレーラー
トラクターに牽引される車両であり重量物を輸送する

トラックの大きさ(例)

	積載量	主な用途
小型トラック	2トン以下	宅配便の集配、コンビニエンスストアへの配送、都市部での配送 など
中型トラック	4トンクラス	大型店への配送、物流施設への輸送、引越 など
大型トラック	10トンクラス	長距離輸送、工場からの出荷、大型製品や資材の輸送 など

9 海上輸送＝最も大量にモノを運べる輸送手段

▶ 輸送力は最大

船舶は一度に大量のモノを運べることが特長です。世界最大級となると、1隻で大型トラック数万台分の輸送力を有します。この輸送効率の高さは海上輸送の長所ですが、スピードは劣ります。つまり、重量や容量が大きく、納期が厳しくないモノを運ぶのに適した輸送手段なのです。

▶ 定期船と不定期船の2種類に大別

定期船は不特定多数の荷主を対象にあらかじめ定めた航路・スケジュールで運航します。ISO規格である海上コンテナをクレーンで積み込んで輸送するコンテナ船はその代表的な存在です。近距離の輸送では、トラックが自走して乗り込むため、クレーンが不要であるだけではなく、積み下ろしの時間が短くて済むフェリーやその貨物専用型であるRORO（Roll-On Roll-Off）船も使われます。

不定期船は特定の荷主を対象とすることが多く、荷姿に応じた船体であることが一般的です。タンカー、LNG船、ばら積み船、自動車専用船、木材専用船などがあります。

国際輸送ではスエズ運河やパナマ運河を通れるかどうかで航路が大きく変わるため、通れる運河によって船舶のサイズを分類することが一般的です。スエズ運河さえ通れない巨大な船舶はケープサイズと呼ばれます。

モノを運ぶ船舶の種類と特徴

定期船の形状(例)

コンテナ船
海上コンテナをクレーンで積み込んで輸送

フェリー／RORO船
トラックを自走で積み込んで輸送

不定期船の形状(例)

原油タンカー
原油をポンプで積み込んで輸送

ケミカルタンカー
液体の化学製品をポンプで積み込んで輸送

LNG／LPG船
LNG／LPGを冷却や加圧により液化した上で輸送

ばら積み船
鉱石や穀物などをクレーンやコンベアなどで積み込んで輸送

自動車専用船
自動車を自走で積み込んで輸送

木材専用船
木材をクレーンで積み込んで輸送

国際輸送における船舶の大きさ(例)

	サイズ
パナマックス	パナマ運河を通航できる大きさ
スエズマックス	スエズ運河を通航できる大きさ
ケープサイズ	スエズ運河を通航できない大きさ

パナマ運河はスエズ運河よりも幅が狭く、浅いため、パナマックスの船舶はスエズ運河も通航可能

10 鉄道輸送＝最もエコにモノを運べる輸送手段

▶ CO_2の排出量は最小

　鉄道は最も環境に優しい輸送手段です。日本国内で1tのモノを1km輸送するときのCO_2の排出量を比較すると、自家用トラックよりも輸送効率が高い営業用トラックでさえ208g、船舶はその約5分の1の43gであるのに対して、鉄道はわずか20gです。

　1列車あたりの輸送力も大きく、国内最長の編成は大型トラック65台分に相当します。貨車への積み込みに費用を要するとはいえ、長距離になればなるほど経済性が高まるわけです。実際、鉄道のトンベースでの輸送量はトラックの100分の1程度ですが、1000kmを超える長距離輸送に限るとトラックを上回ります。長距離では鉄道輸送が経済合理的な選択肢になり得るわけです。

▶ コンテナと車扱の2種類が存在

　鉄道輸送の中心はコンテナです。コンテナに積み込んだモノをコンテナごと貨車に載せて輸送します。

　貨車を1両使って輸送する方式を車扱といいます。タンク車やホッパ車といった専用貨車を利用してガソリンなどの石油類やセメント、石灰石などを運びます。車扱は専用線での積み下ろしが必要であり、その維持に多額の費用を要することから、日本では利用が年々減少しています。

鉄道輸送の種類と特徴

国内での輸送量あたりのCO_2排出量（2022年度）

航空	1,966
自家用トラック	1,136
営業用トラック	208
船舶	43
鉄道	20

（単位：グラム／トンキロ）

出所： 国土交通省「自動車輸送統計調査」「内航船舶輸送統計調査」「鉄道輸送統計調査」「航空輸送統計調査」、温室効果ガスインベントリオフィス「日本の温室効果ガス排出量データ」をもとに筆者作成

日本の鉄道とトラックの輸送距離別分担率（2021年度）

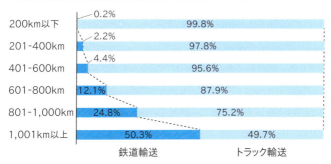

	鉄道輸送	トラック輸送
200km以下	0.2%	99.8%
201-400km	2.2%	97.8%
401-600km	4.4%	95.6%
601-800km	12.1%	87.9%
801-1,000km	24.8%	75.2%
1,001km以上	50.3%	49.7%

注：トンベース
出所：JR貨物「JR貨物グループレポート2023」をもとに筆者作成

車扱輸送の貨物車（例）

タンク車
石油類などの液体を輸送する

ホッパ車
セメントや石灰石などの粒状物を輸送する

11 航空輸送=最も早くモノを運べる輸送手段

▶ リードタイムは最短

　航空輸送の最大の特長はスピードの速さです。一方で、運賃は最も高く、1機あたりの輸送力は船舶や鉄道に劣ります。それゆえ、迅速に運ぶ必要があるモノ、物流費の負担力が大きいモノ（売上高に占める物流費の割合が小さく運賃が高くても支障のないモノ）の輸送が中心となります。

　実際、日本の輸出入量に占める航空輸送の割合は1％にも満たないですが、金額ベースでは3割近くになります。それだけ単価の高いモノを運んでいるからです。

▶ 貨物機だけではなく旅客機での輸送も一般的

　フェリーのように人とモノを一緒に運ぶ輸送手段もありますが、海上輸送全体に占める割合はわずかです。陸上輸送にしても貨客混載はごく一部に限られますが、航空輸送においては旅客機の胴体下部にある貨物スペースを使用したベリーでの輸送が一定割合を占めます。そのため、旅客便が減るとモノの輸送力まで低下します。コロナ禍では、旅客需要の減少と輸送力の確保を両立するため、旅客スペースにもモノを積み込むプレイターが運航されました。

　貨物機での輸送はフレイターと呼ばれます。胴体部分のすべてを貨物スペースとして活用できるため、ベリーでは運べない大きなモノも積み込むことが可能です。

航空輸送の種類と特徴

航空輸送で運ばれるモノ

迅速に運ぶ必要があるモノ
- 緊急で必要なモノ（補修用品、救援物資など）
- 時間がかかると価値が落ちるモノ（生鮮品、流行品など）

物流費の負担力が大きいモノ
- 高額なモノ（美術品、貴金属など）
- 小さいモノ（電子部品、医薬品など）

日本の輸送手段別輸出入量・額（2022年）

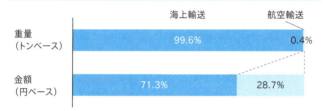

出所：財務省「貿易統計」をもとに筆者作成

世界の機材別国際航空輸送量（トンキロベース）

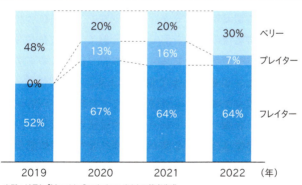

出所：IATA「Monthly Statistics」をもとに筆者作成

12 保管＝モノを適切な状態で置いておくこと

▶ 生産・出荷と消費のギャップに対応するための手段

　農産物のように、特定の時期にしか生産できないモノを一年中利用するためには在庫の保管が欠かせません。一時期に販売が集中するモノ、需要の変動が大きいモノの欠品を防ぐためには一定量を保管しておく必要があります。長距離輸送が必要なモノは、船舶や鉄道、大型トラックなどで消費地近くまで一度に大量に輸送し、在庫を保管すること、注文に応じてそこから都度発送することで輸配送を効率化できます。つまるところ、保管は生産・出荷と消費のギャップに対応するための手段といってよいでしょう。

▶ モノの種類に応じた多様な保管場所・方法

　保管というと、段ボールが積み重なっている姿を想像する人が多いのではないでしょうか。消費財の場合、ラックと呼ばれる棚の上に置かれることが一般的です。重量物の場合には、物流施設の床に直接置かれたり、段積みされたりすることもあります。石油や天然ガスのように常温・常圧時に固体ではないものは専用のタンクに入れられます。原材料の中には屋外に積み置かれるモノもあります。
　保管で重要なことは、なるべく安価にそのモノのあるべき状態を維持し、劣化を防ぐことです。それゆえ、モノの種類に応じて最適な保管場所・方法は変わります。

保管の必要性と方法

保管を必要とするモノ（例）

一時期に生産が集中するモノ（農産物など）		
一時期に販売が集中するモノ（季節品など）		
需要の変動が大きいモノ（流行品など）		
長距離輸送が必要なモノ（原材料など）		

保管方法（例）

ラック
施設内のラックと呼ばれる棚の上に置く

タンク
導管を介して注入する

平置き
施設の床に直接置く（パレットを用いる場合を含む）

サイロ
上部の詰込口より搬入する

段積み
モノの上に積み置く（パレットを用いる場合を含む）

野積み
屋外の指定された場所に積み置く

13 物流施設＝輸配送と保管の基点

▶ DCとTCの2種類に大別

モノを保管する施設といえば「倉庫」ですが、近年は「物流センター」と呼ぶことが増えました。荷役や流通加工などの機能も兼ね備えるようになったからです。

物流センターは保管の有無によってDC（Distribution Center）とTC（Transfer Center）に大別されます。DCの中には、高度な流通加工機能を提供するPC（Process Center）、個人向けの出荷に特化したFC（Fulfillment Center）、特定のモノに対応した保管機能を有する冷蔵・冷凍倉庫や危険物倉庫などもあります。

▶ 物流施設としての進化

かつては特定の企業のために建てられるBTS（Build to Suit）型が主流でした。しかし、2000年にリート（投資家からの資金で不動産を購入し、賃料や売却益を配当する仕組み）が解禁され、デベロッパーによるマルチテナント型物流センターの建設・提供が急速に増加しました。

施設の構造に関しても、従来はエレベータや垂直搬送機などを使って2階以上にモノを運ぶボックス型が一般的でしたが、施設の大型化もあり、昨今はトラックが2階以上にまで上がれるランプウェイ型が増えています。事業環境の変化に応じて物流施設も進化しているのです。

物流センターの種類と特徴

DC	保管機能のある保管型物流センター
PC・PDC	生地の裁断、住宅設備の組立、食品の加工といった高度な流通加工機能を提供
FC	ECや通販といった個人向けの出荷に特化した荷役・流通加工機能を提供
冷蔵・冷凍倉庫	冷蔵・冷凍での保管に対応
危険物倉庫	引火性・爆発性物質や毒劇物などの危険物を保管可能
保税倉庫	一時的に関税や消費税などの徴収が保留された輸入品を保管可能
トランクルーム	日常使用しない家財道具や書類などの保管に対応
TC	保管機能のない通過型物流センター

BTS型
- 一戸建ての注文住宅のように、特定の企業が利用することを前提に建設する
- 施設の構造や立地などを比較的自由に決められる

マルチテナント型
- マンションのように、複数の企業が利用することを前提に建設する
- 他社とリソースを共用することでコストを抑制できる

ボックス型
- エレベータや垂直搬送機などを使用してモノを2階以上に運ぶ
- 保管面積を相対的に広く確保できる

ランプウェイ型
- 傾斜路が付いており、トラックが2階以上に上がってその場で積み下ろしできる
- 上下階搬送の手間がかからず、入出荷の作業効率に優れる

14 荷役＝モノを運ぶときに必要な作業をすること

▶ 輸配送の前後に発生する作業の総称

　DCにあるモノを輸配送するときには、保管場所からピッキングし、方面別や納品先別などに仕分けた上でバースまで運搬します。バースとは、モノを積み下ろす場所であり、ここでトラックに積み込みます。逆に、入庫するときには、バースでトラックからモノを下ろし、数量や汚破損の有無などを検品した上で保管場所まで運びます。

　この一連の流れにある「積み下ろし」「検品」「運搬」「ピッキング」「仕分け」などの作業を総称して荷役といいます。輸配送の前後で発生する必須の作業といってよいでしょう。

▶ 物流センターだけではない多様な現場

　荷役の現場はDCだけではありません。宅配便のように、大型トラックで長距離を輸送し、小型トラックで家まで配送するような輸配送ネットワークを形成している場合、トラックからトラックに荷物を積み替えるトラックターミナルで積み下ろしや仕分けなどの荷役作業が行われます。

　船舶に積載するモノを積み下ろす場所は港湾です。同様に、鉄道輸送では駅、航空輸送では空港が荷役作業の現場になります。モノの保管場所のみならず、輸送手段を変えるときにも必要な作業だからこそ、荷役現場は至るところに存在するのです。

荷役の種類と場所

DCでの荷役作業（例）

荷役を必要とする場所（例）

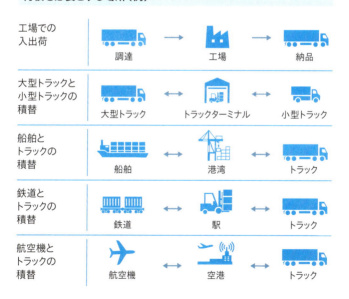

15 物流設備＝荷役を省人化する機械

マテハン機器の活用による省人化

物流センターでは、マテハン（マテリアルハンドリングの略称）と呼ばれる様々な機器が使われています。台車やフォークリフトは最も一般的な存在でしょう。コンベアやソーター、自動倉庫、垂直搬送機は、搬送、仕分け、入出庫などの作業を自動化しました。ハンディターミナルやデジタルピッキングシステムのように、人の生産性を向上させる機器もあります。

技術の高度化、人手不足の進展は、より先進的なマテハン機器の普及を後押ししています。出荷するモノを棚ごと運んでくるGTP（Goods to Person）、人と協働でピッキングするAMR（Autonomous Mobile Robot）、トラックやコンテナから荷物を下ろすデバンニングロボットなどが該当します。自動製函機や自動封函機のように、段ボール箱を組み立てたり、封をしたりする機械もあります。

コンテナの積み下ろしでも多様な機械を利用

港湾や駅、空港では、コンテナ単位での積み下ろしが中心となります。当然、人手では持ち上げられないため、専用の機械が使われます。岸壁で海上コンテナを積み下ろすガントリークレーン、コンテナをつり上げて運んだり積み下ろしたりするリーチスタッカーはその代表例です。

代表的・先進的なマテハン機器

台車
モノを載せて搬送する車輪の付いた荷台

フォークリフト
前面部のつめでモノを持ち上げて積み下ろしや運搬を行う車両

AGV
無人でモノを搬送する車両

AGF
無人で動くフォークリフト

GTP
出荷するモノを棚ごと運んでくるロボット

AMR
人と協働でピッキング作業を遂行するロボット

デバンニングロボット
トラックやコンテナから荷物を下ろすロボット

パレタイザ
パレットに荷物を積み付けるロボット

コンベア
ベルトやローラーなどで荷物を搬送する装置

ソーター
種類や配送先などに応じて荷物を仕分ける装置

自動倉庫
入庫から保管・出庫までを自動化した装置

垂直搬送機
上下階にモノを搬送する装置

ハンディターミナル
コードの読み取りやデータの送受信などができる端末

デジタルピッキングシステム
出荷するモノの場所や数量を表示する装置

自動製函機
荷物の大きさに合うようにダンボール箱を組み立てる機械

自動封函機
箱の中の荷物の大きさに合わせて封をする機械

16 流通加工＝モノを生産拠点以外で加工すること

流通加工＝生産加工＋販促加工

モノを生産拠点で作ってから販売されるまでに追加的な加工を施すことがあります。1つのギフトボックスに様々な種類の商品を詰め合わせたり、輸入ワインに日本語のラベルを貼ったりといった作業です。注文に応じて生地を裁断したり、住宅設備を組み立てたりすることもあります。

後者のように、モノ自体を加工することを「生産加工」、そうではないものを「販促加工」といいます。流通加工はこれらの総称です。

供給効率と付加価値を高める役割

では、なぜこういった作業を生産拠点で行わないのでしょうか。第一に、消費地近くで作業をした方が効率的だからです。生産拠点では特定の商品を量産することが一般的であることを考えると、ギフトボックスへの積み合わせは様々な商品が集まる物流センターで行った方が合理的です。消費地近くで生地を裁断すれば、受注から納品までのリードタイムを短縮できます。

物流会社からすると、輸配送や保管・荷役だけではなく、流通加工も請け負うことでより多くの付加価値を提供できます。流通加工は「荷主の供給効率」と「物流会社の付加価値」を高める役割を担っているのです。

流通加工の種類と特徴

生産加工（例）

生地の裁断
納品先近くであれば注文を受けてから裁断・納品までのリードタイムを短縮できる

住宅設備の組立
組立後はかさばるため設置先近くで行うことにより輸送費を低減できる

パソコンのキッティング（セットアップ）
広く多くのメーカー、機器、ソフトウエアに対応することで利便性を高められる

販促加工（例）

ギフトボックスへのアソート
様々な商品が集まる物流センターで行えば詰め合わせの多様性を高めやすい

輸入ワインへの現地語ラベルの貼付
販売先地域で行えば当地の法規制や消費者の好みに即した情報を記載しやすい

値札の取付
販売先近くで行うことにより価格を弾力的に変更できる

17 包装=モノを適切な資材・容器などに収納すること

▶ 物流での包装＝輸送包装

包装というと、プレゼントのラッピングや商品のパッケージングをイメージするかもしれません。こういった消費者が手に取るときに施されている包装のことを「消費者包装（商業包装）」といいます。

対して、輸配送や保管・荷役などを行うにあたり、段ボールで梱包したり、コンテナに入れたりすることを「輸送包装（工業包装）」と呼びます。物流で包装といえば、通常は後者を指します。

▶ モノの価値や状態を維持するための手段

包装の第一の目的は、モノの価値や状態を維持することです。モノを輸配送したり、荷役したりするとき、衝撃を受けて壊れたり、汚れたりするかもしれません。保管中に劣化する可能性もあります。資材・容器などに収納すれば、そういった事態の発生をある程度防止できます。

資材・容器などに収納されていれば、輸配送や荷役・保管の効率も高まります。一度に複数のモノを運んだり、積み下ろしたり、積み重ねたりすることも容易になるからです。宅配便の送り状のように、モノの種類や数量、配送先などの情報を記した伝票を外装に貼り付けることもあります。包装には物流の経済性を高める役割もあるのです。

包装の種類と役割

包装の種類

消費者包装（例）

 包装紙での
ラッピング

 フィルムでの
パッキング

 缶詰への
封入

 ペットボトルへの
充填

輸送包装（例）

 段ボールでの
梱包

 宅配袋への
封入

 コンテナへの
積込

 ドラム缶への
充填

物流での包装

包装の役割

価値や状態の維持（例）

 衝撃による破損を
防ぐ

 汚れたり濡れたり
することを防ぐ

 温度の上昇による
腐敗を防ぐ

 酸化による腐食を
防ぐ

経済性の向上（例）

 運びやすくなる

 積み下ろしやすく
なる

 積み重ねやすく
なる

 モノの種類などを
把握しやすくなる

18 物流資材＝保管・荷役・包装を効率化するツール

▶ 資材・容器の規格化

　物流現場では、保管や荷役を効率化するために様々な資材が活用されています。荷物を載せる平らな台である平パレットはその代表的存在です。日本では、業界や企業によって異なるサイズの平パレットが使用されており、標準規格である11型の割合は3割程度です。対して、欧州では標準規格であるユーロパレットの利用が9割を占めており、業界や企業の垣根を越えた連携を容易にしています。

　海上コンテナは世界で最も規格化が進んだ物流容器です。9にも記したように、コンテナ船への積載はISO規格の海上コンテナの使用が基本となっています。サイズは標準化されていますが、冷蔵・冷凍装置が付いたリーファーコンテナ、液体や気体を充填・輸送するタンクコンテナなどもあります。

▶ 多様な包装資材・容器

　汚破損を防ぐための包装資材というと、宅配で使われる段ボール箱や紙袋が身近でしょう。企業間での輸送となると、段ボールよりも頑丈でリユース可能なコンテナに入れられることも多いです。オリコンやフレコンであれば省スペースで返送できます。ドラム缶やボンベのように、液体や気体を輸配送・保管するための包装容器もあります。

代表的な物流資材・容器

平パレットのサイズと素材（例）

サイズ	11型	1,100 × 1,100 mm	日本での標準規格
	9型	1,100 × 900 mm	酒類や飲料などで使用
	12型	1,200 × 1,000 mm	冷凍食品などで使用
	14型	1,400 × 1,100 mm	化学製品や精米などで使用
	ユーロパレット	1,200 × 800 mm	欧州での標準規格
素材	木製	普遍的に使用	
	プラスチック製	衛生を重視する業界で使用（食品、医薬品など）	
	金属製	強度や耐久性を重視する業界で使用（重工業など）	

海上コンテナのサイズと種類（例）

外寸サイズ	20フィート	6,058 × 2,438 × 2,591 mm
	40フィート	12,192 × 2,438 × 2,591 mm
	40フィートハイキューブ	12,192 × 2,438 × 2,896 mm
種類	ドライコンテナ	最も一般的なコンテナ
	リーファーコンテナ	冷蔵・冷凍装置が付いたコンテナ
	タンクコンテナ	液体や気体を輸送するタンク型のコンテナ

包装資材・容器（例）

段ボール箱
段ボールで作られた箱であり最も一般的な包装資材

紙袋
紙で作られた袋であり段ボール箱よりも安価な包装資材

オリコン
プラスチックで作られた折りたためる箱形のコンテナ

フレコン
化学繊維で作られた袋状のコンテナ

ドラム缶
液体を充填する金属製の円筒形容器

ボンベ
主として気体を高圧充填する金属製の円筒形容器

19 情報＝物流の今や未来を最適化すること

▶ 現在情報＝物流の「今」を最適化すること

今、モノがどのような状況にあるのか、輸配送や保管といった各機能はどうなっているのかをリアルタイムに把握することで、より適切な打ち手を迅速に実行できるようになります。例えば、事故渋滞により工場への部品の供給が遅れることを知れば、それを想定した生産計画に見直せます。現在の在庫量がわからなければ、補充により欠品を防ぐこともできません。

▶ 計画情報＝物流の「未来」を最適化すること

出荷や輸配送などに関する計画情報の把握も重要です。何をいつまでにどの程度出荷するのか、どのような加工・包装を行うのかを認識することで、荷役や流通加工などの作業を適切に段取ることができます。納品先や納期などの情報がわからなければ、トラックの配車計画を組むことさえできないでしょう。

▶ 情報＝輸配送×保管×荷役×流通加工×包装の最適化

情報は、輸配送、保管、荷役、流通加工、包装という5つの機能をつなぐ存在です。現在と計画の双方の情報を把握することによって、個別の機能単位ではなく、物流全体での最適化を追求する役割を担っているのです。

物流の最適化に有効な情報

	現在情報（例）	計画情報（例）
輸配送	・モノの現在地 ・トラック、船舶、鉄道、航空機の運行・運航状況と積載率 ・納品先別やルート別での定時到着率 など	・納品先の所在地と納期 ・輸配送手段とルート ・トラック、船舶、鉄道、航空機の運行・運航予定 など
保管	・物流施設内での保管場所と保管量 ・保管状態（モノ自体の状態、温度や湿度といった保管環境） ・物流施設の空室率 など	・保管先の所在地 ・入出庫の期日と入出庫量 ・保管方法（荷姿、温度や湿度といった保管環境の指定）など
荷役	・入出荷の進捗度 ・検品やピッキングの生産性（1人あたりの検品数やピッキング行数） ・物流施設別や担当者別での誤出荷率 など	・積み下ろしの日時と数量 ・荷役作業別での人員の配置と完了予定時間 ・検品方法（全数や抜取といった対象の指定、品質検査の手段）など
流通加工	・加工作業別での受注件数と進捗度 ・仕掛品の数量 ・受注から作業完了までのリードタイム など	・流通加工するモノの搬入から搬出・納品までのスケジュール ・加工内容（裁断のサイズやアソート対象といった諸条件の指定）など
包装	・包装資材・容器の所在地と在庫量 ・自動製函機や自動封函機の稼働率 ・包装資材・容器別での回収率 など	・包装資材・容器の指定（資材・容器の種類、緩衝材の要否） ・同梱物の指定（まとめて納品するモノ、納品伝票やチラシ）など

20 物流管理システム＝情報を効果的に活用するツール

物流現場を管理するシステム

　物流現場でも情報管理のツールとしてシステムを活用することが増えました。入出荷や在庫などの管理に使われるWMS（Warehouse Management System）はその筆頭に挙げられます。先進的なマテハン機器を複数組み合わせて活用する物流センターでは、現場の作業や設備をリアルタイムに管理するWES（Warehouse Execution System）、機器を制御・監視するWCS（Warehouse Control System）を導入することもあります。

　輸配送の管理はTMS（Transport Management System）の役割です。近年は高度化が進んでおり、必要なトラック台数の算定、配送ルートの設計、バースの予約、乗務記録の作成などの機能を有したものも登場しています。

物流全体を管理するシステム

　需要予測をもとに販売や生産などの計画を作成するSCP（Supply Chain Planning）、各種の経営資源を統合的に管理するERP（Enterprise Resource Planning）のように、物流を含めた事業活動全体を管理するシステムもあります。デジタル化のさらなる進展を見据えるに、物流システムを活用することの重要性はますます高まっていくと見るべきです。

主要な物流管理システムの機能・構成

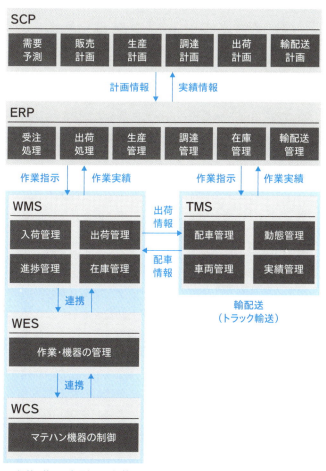

サプライチェーンマネジメント

　サプライチェーンとは、素材の調達から部品の加工、完成品の生産、消費者への販売に至るまでの供給のプロセスを指します。調達先や納品先との関係は総じて固定的であり、鎖のようにつながっているからこそ、「サプライチェーン＝供給連鎖」と呼ばれるわけです。

　サプライチェーンマネジメントとは、この供給連鎖全体での最適化を図る経営手法です。「調達」「生産」「販売」「物流」といった個別のプロセス単位ではなく、全体での収益を最大化することがポイントです。例えば、「高品質な材料を使うことで調達費は増加するが、生産性の向上により製造費をそれ以上に削減できる」「納品時間の指定を不可とすると売上は減少するが、輸送効率が格段に高まることで利益は増える」といった施策を講じることが想定されます。その実現にあたっては、何が原因で、どこでどのような費用がどの程度発生しているのかを解き明かすことが求められます。

　サプライチェーンマネジメントでは、「物流」も1つのプロセスに過ぎません。ロジスティクスより広い概念といってよいでしょう。

第 2 章

物流の事業環境

21 物流を取り巻く事業者

▶ 物流会社とその顧客である荷主

　物流を取り巻く事業者といって、最初に頭に浮かぶのは宅配便をはじめとする物流会社でしょう。輸送の担い手である運送会社や海運会社、保管や荷役機能の提供を主とする倉庫会社などがあります。フォワーダーのように、自社の輸送手段を持たない利用運送事業者も存在します。

　物流会社はモノの所有者である荷主に対して物流機能を提供することによって収益を得ます。その業種は様々であり、メーカーや流通事業者は当然のこと、個人が荷主となることもあります。物流会社にとっての売上は荷主にとっての物流費であり、物流事業を継続する上で欠かすことのできない関係なのです。

▶ 物流会社の調達先である物流機械・システムメーカー

　もうひとつの重要なステークホルダーは物流機械・システムメーカーです。トラックは輸配送に不可欠の存在ですが、それを作っているのはトラックメーカーです。船舶にしても、フォークリフトにしても、メーカーが製造したからこそ使えます。WMSやTMS、物流資材・容器、物流施設なども同様です。物流会社からすれば、物流機能を提供するために必要な機械・システムの調達先であり、事業継続に必須の存在といってよいでしょう。

物流のステークホルダー

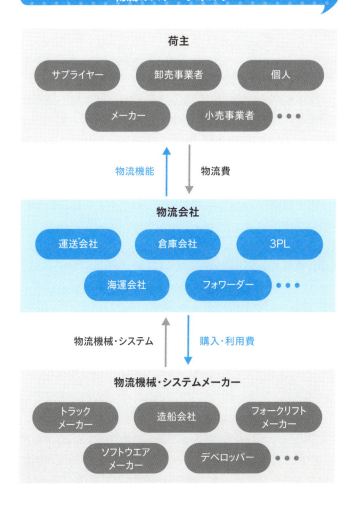

22 物流市場と物流費

▶ 物流の市場規模＝物流会社の売上の合計

物流の市場規模とは、輸配送や保管といった物流機能の提供を通じて対価を得た物流会社の売上の合計です。その総和は、荷主が物流会社に支払った費用の合計よりも大きくなります。元請となった物流会社がトラックでの輸配送を運送会社に再委託したり、海上輸送を海運会社に頼んだり、他社の物流センターを利用して保管や荷役などの機能を提供したりすることがあるからです。

▶ 物流会社の売上≠荷主の物流費

では、物流の市場規模は荷主の物流費の合計を上回るかというと、そうとは限りません。荷主からすれば、物流会社に支払う費用は物流費の一部に過ぎないからです。

荷主の中には、自家用トラックや自家倉庫などを所有する企業もあります。店舗のスタッフが客先まで商品を届けたり、工場の従業員が荷役や流通加工などの作業に従事したりすることも少なくありません。

荷主企業の国内物流費に占める自家物流費の割合は全業種平均で14％ほどですが、非製造業に限るとその割合は19％にまで上昇します。物流市場を紐解くにあたっては、この物流会社の売上と荷主の物流費の関係を正しく理解することが大事です。

物流会社の売上と荷主の物流費の関係

物流市場と物流費

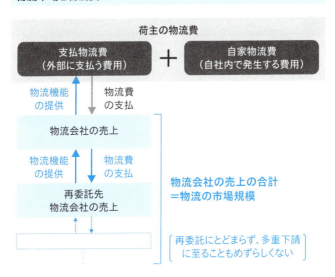

国内での支払・自家物流費の構成（2022年度）

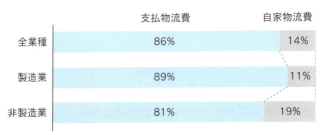

注：支払物流費には物流子会社への支払も含まれる
出所：日本ロジスティクスシステム協会『2023年度物流コスト調査報告書』（2024年3月）をもとに筆者作成

23 物流市場の概況

労働集約型の産業

日本の物流市場は約29兆円です。全産業に占める割合は営業収入ベースで約2％ですが、従業員数ベースでは3％強になります。序章の4で述べたように、物流は労働集約的な産業であるため、1人あたりの営業収入は全産業平均の半分強程度です。

労働集約型であるがゆえに参入障壁が低く、規模の経済性があまり効かないこともポイントです。中小企業率の高さはその現れといえます。

物流産業の主体はトラック運送

トラック運送業の物流市場に占める割合は、営業収入ベースで6割強、従業員数ベースでは9割にも達します。序章の2で「物流＝トラック輸送ではない」と記しましたが、物流産業の主体がトラック運送業であることは紛れもない事実です。

船舶、鉄道、航空輸送では、自社の輸送手段を提供する実運送事業者（キャリア）だけではなく、他社の輸送手段を使って輸配送機能を提供する利用運送事業者（フォワーダー）も存在します。パッケージツアーを企画してくれる旅行代理店をイメージすればわかりやすいでしょう。手配や管理に手間を要する物流業界ならではの業態です。

日本の物流市場（2021年度）

事業分野		営業収入（億円）	従業員数（千人）	事業者数	中小企業率
トラック輸送	トラック運送業	183,473	2,010	63,251	99%
海上輸送	内航海運業	7,613	67	3,309	99%
	外航海運業	34,895	7	189	85%
	港湾運送業	9,911	51	854	89%
	外航利用運送事業	7,172	7	117	81%
鉄道輸送	鉄道貨物運送事業	1,513	5	17	88%
	鉄道利用運送事業	3,146	9	1,175	86%
航空輸送	航空貨物運送事業	7,042	41	22	77%
	航空利用運送事業	9,727	15	202	67%
物流施設	倉庫業	26,000	13	6,582	99%
	トラックターミナル業	295	1	16	94%
計		290,787	2,226	―	―

物流会社の1人あたりの営業収入：1,306万円
（全産業平均での1人あたりの営業収入：2,172万円）

注1：トラック運送業に軽貨物運送業は含まない
注2：鉄道貨物運送事業の営業収入と従業員数はJR貨物のみでの数値
出所：国土交通省「物流業界の規模」「鉄道統計年報」をもとに筆者作成

24 物流費の概況

▶ 物流＝付加価値を創出するためのインフラ

日本のマクロ物流費は約50兆円です。22で述べたように、支払物流費だけではなく、自家物流費も存在するため、物流市場よりも大きくなります。

GDP（国内総生産）に占めるマクロ物流費の割合は約9％です。全産業に占める物流市場の割合よりも大きいことを考えると、物流は産業としてではなく、インフラと捉えるべきなのかもしれません。

▶ 物流費の抑制≒輸送の効率化

輸送費はマクロ物流費の7割近くを占めます。したがって、GDPを高めるために物流費を抑制するのであれば、輸送を効率化すべきです。マクロ物流費の3割強を占めるトラック輸送はその最大のターゲットです。

輸送費の中で2番目に大きく、マクロ物流費の2割強を占める自家輸送費も無視できません。自家輸送費は自家用トラックでの輸送を意味します。つまり、物流費低減のカギはトラック輸送にあるといえます。

輸送費に比べれば小さいとはいえ、在庫費はマクロ物流費の3割強を占めます。その過半は流通在庫であることを考えると、物流費の抑制に向けては卸・小売といった流通プロセスを効率化することも重要です。

日本のマクロ物流費（2021年度）

費用項目			費用（億円）	構成比
輸送費			333,231	66.2%
	支払輸送費		214,513	42.6%
		トラック輸送	162,470	32.3%
		内航海運	7,620	1.5%
		港湾運送	10,239	2.0%
		鉄道輸送	1,221	0.2%
		国内航空貨物	457	0.1%
		利用運送	32,212	6.4%
		トラックターミナル	295	0.1%
	自家輸送費		118,719	23.6%
在庫費			156,614	31.1%
	原材料在庫		24,894	4.9%
	製品在庫		41,554	8.3%
	流通在庫		90,166	17.9%
管理費			13,737	2.7%
計			503,582	

注1：自家輸送は、自家用トラックによる輸送のみを計上
注2：在庫費には、保管、荷役、流通加工、包装にかかる費用に加えて、在庫の金利負担なども含む
出所：日本ロジスティクスシステム協会『2023年度物流コスト調査報告書』（2024年3月）をもとに筆者作成（筆者による推計を含む）

25 日本の物流の特徴

日本の物流＝高価格・高品質

　欧米諸国でのGDPに占めるマクロ物流費の割合は7～8％程度です。日本は約9％であることを考えると、日本の物流は欧米の平均的な水準と比べて高コストといえます。

　一方、日本の一般的な誤出荷率は0.01％程度、遅配率は0.03％程度ですが、欧米ではどちらも1％を超えます。実際、欧米で宅配便を利用すると、届かなかったり、壊れたりしていることがめずらしくありません。日本の物流は高価格であると同時に高品質でもあるのです。

日本と欧米の物流に対する思想の差異

　この日本と欧米との違いの背景には商習慣があります。日本では企業間取引であっても商品価格に送料を含める店着価格制が一般的です。他方、欧米は別建てのため、商品を受け取る着荷主は物流品質に関して過度な要求をしません。費用の総額が増えると目に見えてわかるからです。

　日本の物流会社は品質や対応力で差別化しようとします。現場には様々な業務に対応できる人材もいます。これに対して欧米の物流会社はコスト競争力を重視します。現場を標準化・均質化することで全体での効率化を図ろうとします。日本と欧米では物流に対する思想が根本的に異なるといってよいでしょう。

日本と欧米との物流での主な相違点

	日本	欧米
商習慣	**発荷主払** ・送料は商品価格に含まれる ・着荷主は物流費がどの程度かかっているのかを把握していない	**着荷主払** ・送料は商品価格と別建てで請求する ・着荷主は物流費がどの程度かかっているのかを把握している
荷主	**品質・対応力重視** ・着荷主は誤配や遅延などの最小化を求める ・契約外の依頼にも柔軟に対応してもらえることを期待する	**コスト重視** ・着荷主は送料の最小化を求める ・契約外の依頼をすることで追加の費用がかかることを避ける
物流会社	**品質・対応力で差別化** ・手間をかけてでも品質を高める ・現場力を高めることで様々な依頼に対応できるようにする	**コスト競争力で差別化** ・ムダをなくすことでコスト競争力を高める ・業務を標準化することで誰でも高効率に運用できるようにする
物流現場	**人材×現場最適** ・多様な業務に対応できる人材を育成する ・現場ごとにカスタマイズすることで最適性を追求する	**仕組み×全体最適** ・誰でも均質に対応できる仕組みを構築する ・共通のパッケージシステムを導入することで規模の経済性を追求する

26 物流と経済発展の関係性

▶ GDPに占めるマクロ物流費の割合

　日本や欧米諸国のGDPに占めるマクロ物流費の割合は10%未満ですが、中国や東南アジアはそれよりも一段高い水準にあります。それは物流が非効率だからです。

　1人あたりのGDPが2万ドルを超える地域は、物流が成熟化しており、その成長率はGDPよりも低水準です。他方、2万ドル以下の地域では、物流の効率化よりも経済成長が重視されます。それゆえ、GDPに占めるマクロ物流費の割合が相対的に高くなります。

▶ 経済の発展に応じた物流需要の変化

　1人あたりのGDPが3000ドルを超えるようになると、道路や港湾といった物流インフラの整備が進展し、物流はGDPを超える高成長を遂げます。高成長市場をターゲットに海外展開を図ろうとするなら、このインフラボーナス期にある地域を狙うことも一考でしょう。

　1人あたりのGDPが6000ドルを超えると、温度管理や定時到着などの物流品質に対する意識が高まります。日本の物流品質の高さを武器にするならば、高度化期にある地域をターゲットにすべきかもしれません。海外展開を図るにあたっては、こういった地域による物流需要の差を十分に調査・分析した上で、意思決定を下すべきです。

物流の発展段階

	1人あたりのGDP	物流インフラ	物流の成長率
レベル1: 黎明期	～3,000ドル	道路、港湾、鉄道、空港などのインフラが十分整備されていない	インフラの脆弱性が制約となり、GDPの成長率よりも低水準となる
	カンボジア、ラオス、アフリカ諸国など		
レベル2: インフラ ボーナス期	3,000～6,000ドル	大規模な投資により物流インフラのキャパシティが急速に拡大する	物流需要の増大に対応できるようになることでGDPを超える高成長となる
	インドネシア、ベトナム、フィリピンなど		
レベル3: 高度化期	6,000～20,000ドル	物流インフラの高度化により物流の品質が向上する	物流の需給が均衡することでGDPと同程度に成長する
	中国、ロシア、ブラジル、メキシコなど		
レベル4: 成熟期	20,000ドル～	広く多くの企業に共同利用されることを想定した物流インフラが増える	物流の効率性が高まることでGDPに占める割合が小さくなる
	日本、韓国、シンガポール、欧米諸国など		

物流＝経済の血脈

　物流は「経済の血脈」とも称されます。大多数の産業にとって事業活動の継続に不可欠の存在だからです。

　メーカーであれば、原材料を調達するにしても、製品を販売するにしても物流を必要とします。小売店や飲食店からすると、売るモノを確保するためには物流が欠かせません。この生産者から消費者へのモノの流れを「動脈物流」と呼びます。

　対して、消費者から戻るモノの流れは「静脈物流」です。レンタル品の返却や不良品の返送はもちろんのこと、モノを廃棄するときにも必要です。

　人体に例えるなら、脳や臓器は血脈があるからこそ、酸素や栄養分を得られるだけではなく、二酸化炭素や老廃物を運び出すことができます。経済における物流の役割はこれと一緒です。モノを「送れない」「届かない」「回収できない」などという事態が生ずれば、日本経済は立ち行かなくなるでしょう。今後、さらなる少子高齢化により生産年齢人口の減少が進むことを考えれば、世界に先駆けて脱労働集約を推進し、持続可能な物流を築き上げることが望まれます。

第 3 章

物流会社

27 物流会社とは？

▶ 事業領域ごとに様々な物流会社が存在

　物流業界を代表する存在といえば、トラックでの輸配送機能を提供する運送会社でしょう。船舶であれば海運会社、鉄道であれば鉄道会社、航空機であれば航空会社が実運送の主体となります。

　保管・荷役機能の担い手といえば倉庫会社です。昨今は、EC（電子商取引）や通販の伸長もあり、個人向けの出荷に対応したフルフィルメント機能を提供する事業者も増えました。港湾、空港、トラックターミナルを管理・運営するターミナルオペレーターも物流会社の一種です。そのほか、フォワーダー、マッチング事業者、3PL（Third Party Logistics）などが存在します。

▶ 大手物流会社の多くは複数の事業を展開

　物流業界を理解する上で特に留意すべきは、大手物流会社の多くは複数の事業を展開しているということです。例えば、国内最大手の宅配会社であるヤマトホールディングス（ヤマト運輸）は、倉庫会社やフォワーダー、3PLとしての物流機能も有しています。「○○運送」「××倉庫」という社名だからといって当該の事業のみを展開しているとは限りません。大手物流会社の事業内容を把握するにあたっては、社名や主事業に惑わされないことが肝要です。

物流会社の種類

	種類	事業概要
実運送事業者（キャリア）	運送会社	トラックなどの車両を使用したモノの輸配送機能を提供
	海運会社	船舶を使用したモノの輸配送機能を提供
	鉄道会社	鉄道を使用したモノの輸配送機能を提供
	航空会社	航空機を使用したモノの輸配送機能を提供
物流施設運営者	倉庫会社	物流施設にてモノの保管や荷役などの機能を提供
	フルフィルメント事業者	物流施設でのモノの保管や荷役などを含めたフルフィルメント機能を提供
	ターミナルオペレーター	港湾、空港、トラックターミナルで荷役などの機能を提供
その他	フォワーダー	他社の輸送手段や物流施設などを使用したモノの輸配送機能を提供
	マッチング事業者	他社の輸送手段や物流施設などの仲介・取次機能を提供
	3PL	荷主の物流業務を包括的に代行する機能を提供

28 運送会社①
輸送主体

▶ 営業用トラック＝トラック輸送の中心

　トラックを見ていると、緑色と白色の2種類のナンバープレートがあることに気づくはずです。緑色は営業用トラック、白色は自家用トラックを意味します。

　前章の24で言及したように、輸送費に占める自家用トラックの割合は決して小さくありません。トラック保有台数の約8割は自家用です。しかしながら、輸送分担率では逆転し、トンキロベースでは営業用が9割近くを占めます。その分、営業用トラックの輸送効率は高く、自家用も存在するとはいえ、トラック輸送の中心は運送会社であるといって差し支えないでしょう。

▶ 軽貨物配送＝ラストワンマイルの担い手

　ワンボックスタイプの軽バンや軽トラックの中には、黒色のナンバープレートを付けている車両もあります。これらは営業用の軽貨物自動車です。

　日本でトラック運送会社の営業許可を得るためには、5台以上のトラックと5人以上のドライバーが必要です。これに対して軽貨物運送であれば、車両1台、ドライバー1人でも開業できます。実際、宅配会社やEC事業者からの委託を受けて荷物を家まで届けている軽バンの多くは軽貨物運送業を営む個人事業主です。

トラック輸送の構成

日本の営業用・自家用トラックの構成(2022年度)

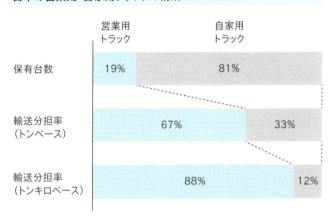

注:軽貨物自動車は含まない
出所:国土交通省「自動車輸送統計調査」、自動車検査登録情報協会「自動車保有台数」をもとに筆者作成

一般の運送会社と軽貨物運送の主な差異

一般の運送会社
(貨物自動車運送事業)

- 「許可制」であるため許可を得るまでに数カ月の審査期間を要する
- トラックを5台以上、ドライバーを5人以上確保することが求められる
- 軽自動車、二輪車以外での運送が対象となる

軽貨物運送
(軽貨物自動車運送事業)

- 「届出制」であるため書類の提出さえ完了すれば事業を開始できる
- トラック1台、ドライバー1人から開業できる(個人事業主が認められている)
- 軽自動車、二輪車での運送に限定される

29 運送会社②
運送形態

貸切＝最も一般的な運送形態

運送業界で最も一般的な輸配送サービスは、輸送距離や時間などに応じた運賃を車建てで得て、荷主の指定する発地から着地にモノを運ぶ貸切（チャーター）です。売上規模で見ると、トラック輸送における貸切の割合は8割を占めます。

発地と着地は1カ所とは限りません。店舗配送では、1台のトラックが複数の店舗をめぐって商品を届けることが普通です。逆に、1台のトラックが複数の調達先を巡回して集荷するミルクラン方式での輸配送もあります。共同配送であれば、1台のトラックが複数の荷主の商品を混載して運びます。

特積み＝小口出荷に対応した運送形態

もうひとつの輸配送サービスは、個建てで運賃を得る特積み（特別積み合わせ貨物運送の略称）です。不特定多数の荷主から集荷したモノを積み合わせて幹線輸送し、各地の拠点で仕分けて配送します。

特積みの中でも30kg以下の小さな荷物を取り扱う輸配送を宅配といいます。つまり、宅配は特積みの一種であるわけですが、一般に特積みというと、宅配を除いたB to Bの輸送のみを指すことがあるため注意が必要です。

運送形態の構成

国内運送会社の売上構成(2021年度)

宅配(約2.1兆円／11.3%)
宅配以外の特積み(約1.5兆円／8.2%)
18.3兆円
貸切(約14.8兆円／80.5%)

出所：国土交通省「物流業界の規模」、各社IR資料をもとに筆者作成(筆者による推計を含む)

貸切での輸送(例)

拠点間輸送　　店舗配送　　ミルクラン輸送

特積みでの輸送(例)

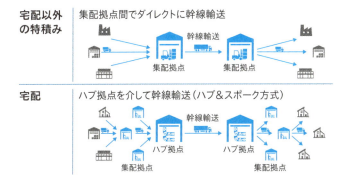

宅配以外の特積み：集配拠点間でダイレクトに幹線輸送

宅配：ハブ拠点を介して幹線輸送(ハブ&スポーク方式)

30 運送会社③
事業性

▶ 大事なこと＝物流品質の担保＋差別的優位性の確立

運送会社にとって最も重要なことは、荷主の期待する物流品質を担保することです。中でも特積みは拠点での積替が必須となるため、汚破損、誤配送、遅延などが生じやすく、それを防ぐことが大事となります。

輸配送だけではなく、保管や荷役といった様々な物流機能をトータルで提供することにより差別化を図ろうとする事業者もいます。大手になるほどその傾向は強くなります。

貸切では、タンクローリーやキャリアカーのように、特殊な車両を保有・運行することも差別化の源泉となります。ただし、運べるモノが限定されるため、運送会社としての事業性はそのモノ自体の流通量に左右されます。

▶ 特積みはスケールメリットが効く

前章の23にあるように、日本には6万を超える運送会社が存在しますが、そのほとんどは貸切であり、特積みの事業者は300社ほどです。トラックを定期運行できるだけの荷量を個建てで集められる事業者は限られるからです。

特積みは広く多くの荷主に利用されることが収益性に直結するため、貸切よりスケールメリットが効きやすく、宅配は上位3社でのシェアが9割を超えます。宅配を除いたB to Bの特積みでの上位5社合計のシェアは約4割です。

日本の主な大手運送会社

社名(中核会社)	運送会社としての事業概要
NXホールディングス(日本通運)	国内最大手／3PLも含めた多様な物流機能を提供／同社にしか運べないモノも存在
センコーグループホールディングス(センコー)	化学、建材、アパレル、食品などを中心に3PLも含めた多様な物流機能を提供
鴻池運輸	鉄鋼、食品・飲料、医療機器などを中心に3PLも含めた多様な物流機能を提供
ニッコンホールディングス(日本梱包運輸倉庫)	完成車、自動車部品、住宅設備などを中心に3PLも含めた多様な物流機能を提供
AZ-COM丸和ホールディングス(丸和運輸機関)	スーパーやドラッグストアなどへの店舗配送を中心に事業活動を展開
丸全昭和運輸	化学、素材、機械を中心に3PLも含めた多様な物流機能を提供
セイノーホールディングス(西濃運輸)	宅配を除いたBtoBの特積みの国内最大手／すべての都道府県に拠点網を展開
福山通運	宅配を除いたBtoBの特積みの国内第2位／すべての都道府県に拠点網を展開
名鉄運輸	宅配を除いたBtoBの特積みの国内大手／日本通運の特積み事業を統合し業容を拡大
トナミホールディングス(トナミ運輸)	宅配を除いたBtoBの特積みの国内大手／北陸と東名阪を中心に拠点網を展開
第一貨物	宅配を除いたBtoBの特積みの国内大手／東日本を中心に拠点網を展開
ヤマトホールディングス(ヤマト運輸)	宅配の国内最大手／4割超のシェアを有しており多様な宅配サービスを提供
SGホールディングス(佐川急便)	宅配の国内第2位／BtoCを中心に事業活動を展開
日本郵便	宅配の国内第3位／小さなモノの配送で優位／BtoBの特積みも展開

注：NXホールディングスの正式名称はNIPPON EXPRESSホールディングス

31 海運会社

▶ 定期・不定期と内航・外航で異なる競争環境

海運会社の事業は、第1章の 9 でも言及したように、定期船と不定期船に大別されます。不特定多数の荷主のモノを混載する定期船は、需要の変動に即して航路・スケジュールを組み替えることが大切です。対して、不定期船は荷主の求めに応じて船舶を運航することが必要とされます。

前章の 23 にあるように、内航海運の担い手はほとんどが中小企業です。内航海運を自国船に限定するカボタージュ制度が適用されており、外資の参入はありません。他方、外航海運は大型の船舶を使用すること、国際競争にさらされていることもあり、大企業の割合が相対的に高いです。

▶ 外航コンテナ定期船はグローバル競争

日本郵船、商船三井、川崎汽船は日本を代表する海運会社であり、邦船3社と呼ばれます。2017年7月、この3社が手を組み、外航コンテナ定期船事業を統合したONE（Ocean Network Express）を設立しました。国際競争に打ち勝つための日本連合が成立したのです。

とはいえ、MSC、Maersk、CMA CGMといったグローバル大手はONEの倍以上の規模があります。外航コンテナ定期船市場で勝者となるためには、さらなる一手が必要かもしれません。

主な大手海運会社

日本の主な海運会社

社名	海運会社としての事業概要
日本郵船	国内最大手／多様な物流機能を提供
商船三井	国内第2位／LNG船の運航で世界トップクラス
川崎汽船	国内第3位／ばら積み船を多数運航
NSユナイテッド海運	日本製鉄の関連会社／主に鉄鋼原料を輸送
飯野海運	タンカーで化学製品や原油などを輸送
栗林商船	北海道と本州を中心に内航海運事業を展開
乾汽船	ばら積み船で穀物や木材などを輸送
兵機海運	鋼材を中心に、農水産品や油糧なども輸送

世界の主な海運会社（コンテナ船運航船腹量上位10社）

社名	本社所在地	船舶数	船腹量シェア
MSC	スイス	857隻	20.0%
Maersk	デンマーク	714隻	14.3%
CMA CGM	フランス	649隻	12.5%
COSCO	中国	509隻	10.7%
Hapag-Lloyd	ドイツ	291隻	7.3%
ONE	日本	245隻	6.3%
Evergreen	台湾	222隻	5.6%
HMM	韓国	78隻	2.8%
ZIM	イスラエル	131隻	2.5%
Yang Ming	台湾	94隻	2.3%

注1：2024年9月末時点
注2：船腹量は20フィート海上コンテナに換算した積載量であるＴＥＵベース
出所：Alphaliner「TOP 100：Operated fleets」をもとに筆者作成

32 鉄道会社

日本における鉄道輸送の担い手≒JR貨物

鉄道輸送は線路の上に限られるため、運送会社や海運会社よりも参入障壁が高く、日本で貨物運送を行っている事業者は20社弱です。その中でJR貨物（日本貨物鉄道）は日本全国をカバーする唯一の事業者であり、トンベースでは約7割、トンキロベースでは99％ものシェアを有します。

利便性を高めるためには様々なハードルが存在

JR貨物は大半の区間を他の鉄道事業者の線路を利用して運行しています。線路の敷設や保守に関するコストを変動費化できるため、収益的には好材料ですが、他社も使用する線路であるがゆえに、JR貨物だけの都合で自由にダイヤを組むことはできません。

第1章の⑩に記したように、鉄道輸送の主体はコンテナですが、日本では独自の12フィートコンテナが鉄道用として普及しています。そのため、海上輸送とコンテナを共用できず、利便性を損なう一因となっています。

JR貨物はこの状況に手をこまぬいているわけではありません。海上コンテナを積載可能な貨車を開発・導入するなど、利便性を高めるための措置を講じています。トラックより輸送効率が高く、船舶より速い鉄道輸送の特長を活かせれば、輸送量の拡大を図れるはずです。

国内鉄道輸送の概要

JR貨物の営業線区（2023年4月時点）

出所：JR貨物「企業情報」をもとに筆者作成

船舶と鉄道の間でのコンテナの積替

日本
コンテナ内のモノの積替

海外
コンテナ単位での積替

33 航空会社

▶ 旅客を主体とする航空会社の貨物輸送

　大多数の航空会社は旅客を事業の主体とする一方で、貨物輸送の機能も提供しています。第1章の11で述べたように、旅客機の胴体下部には貨物を輸送できるスペースがあるからです。

　貨物輸送で収益を拡大しようとする一部の航空会社はフレイターも運航しています。日本を代表する航空会社である全日本空輸と日本航空は両社ともその一部に該当します。

　航空機の運航には多額の費用を必要とすること、事業許可の取得が容易ではないこともあり、貨物鉄道事業者と同様、運送会社や海運会社よりも参入障壁が高く、日本の航空貨物運送事業者は20社強です。そのうち、国際輸送にも対応している事業者は10社にも達しません。

▶ 航空貨物運送を主体とするインテグレーター

　貨物機の運航を主体とする事業者も存在します。中でも、DHL、UPS、FedExの3社は、貨物機を自社で運航するキャリアであると同時に、他社の輸送手段を利用して発地から着地までモノを運ぶフォワーダーとしての機能も兼ね備えているため、インテグレーターと呼ばれます。日本には、この3社のようにグローバルなネットワークを有するインテグレーターは存在しません。

主な航空貨物運送事業者

航空貨物運送事業を展開する日本の主な航空会社

社名（中核会社）	航空会社としての事業概要
ANAホールディングス（全日本空輸）	ベリーとフレイターの双方を運航／2025年に日本郵船子会社の日本貨物航空を買収予定
日本航空	ベリーとフレイターの双方を運航（経営破綻時にフレイターを売却したが2024年より再開）
スターフライヤー	北九州・福岡～羽田間をはじめとする各路線でベリーでの航空貨物運送事業を展開
天草エアライン	天草～福岡間を対象にベリーでの航空貨物運送事業を展開

主なインテグレーター

社名	インテグレーターとしての事業概要
UPS	本社は米国／量より質を追う戦略により高収益を実現
DHL	本社はドイツ／Deutsche　Postの子会社／欧州・アジアで優位
FedEx	本社は米国／2016年にオランダのインテグレーターであるTNTを買収

インテグレーターの輸送形態（イメージ）

フォワーダーとして他社の輸送手段を活用（一部自社で輸送）　キャリアとして自社で輸送（一部他社の輸送手段を活用）　フォワーダーとして他社の輸送手段を活用（一部自社で輸送）

34 倉庫会社

保管だけではない様々な物流機能を提供

倉庫会社の元々の役割は預かったモノを適切に保管することでした。その重要性は今も失われていませんが、ただ保管するだけで差別化を図ることは難しく、流通加工や包装などの機能も併せて提供することが普通になっています。

三井倉庫や三菱倉庫、ニチレイロジグループ本社といった大手倉庫会社は倉庫業を中核にしつつも、3PLやフォワーディングなどの機能も兼ね備えています。実態としては総合物流会社であるといってよいでしょう。

数多くの事業者と多様な倉庫が存在

倉庫会社は運送会社に次いで事業者が多く、6500社ほど存在します。種類別に見ると、建屋型の一般的な倉庫である1〜3類倉庫が最も多く、次いで冷蔵・冷凍倉庫となっています。包装されていない液体や穀物などを保管する貯蔵槽倉庫、原木などを水面で保管する水面倉庫のように、特殊なものもあります。

荷主の中には、自家倉庫を所有する企業もあります。営業倉庫のように物流施設として単独で立地しているものもあれば、工場の敷地内や店舗のバックヤードなどを保管スペースとして活用することもあり、その数量を統計的に把握することは困難です。

国内倉庫業界の概要

日本の主な倉庫会社

社名(中核会社)	倉庫会社としての事業概要
三井倉庫ホールディングス(三井倉庫)	国内トップ／家電や自動車部品などを中心に3PLも含めた多様な物流機能を提供
三菱倉庫	国内トップ／医薬品や食品などを中心に3PLも含めた多様な物流機能を提供
住友倉庫	国内第3位／国際輸送からトラック運送まで多様な物流機能を提供
日本トランスシティ	国内大手／中京地区を中心に多様な物流機能を提供
澁澤倉庫	国内大手／消費財を中心にトラック運送も含めた多様な物流機能を提供
ニチレイロジグループ本社	日本最大の低温物流会社／グローバルに事業を展開

国内営業倉庫の概要(2021年末時点)

			事業者数	所管面積・容積
普通倉庫	1〜3類倉庫		5,402社	6,437万㎡
	野積倉庫		201社	405万㎡
	貯蔵槽倉庫		111社	1,057万㎡
	危険品倉庫	建屋	262社	68万㎡
		タンク	49社	1,030万㎡
冷蔵・冷凍倉庫			1,264社	3,590万㎡
水面倉庫			4社	19万㎡

注:「1〜3類倉庫」は建屋型の一般的な倉庫
出所:国土交通省「倉庫統計季報」をもとに筆者作成

35 フルフィルメント事業者

▶ ECや通販の受注から配送までの一連の業務を代行

フルフィルメント事業者とは、主にECや通販の受注から配送までの一連の業務を代行する企業です。入荷、検品、在庫管理、ピッキング、仕分け、流通加工、包装、配送、返品処理といった現場作業だけではなく、受注管理や決済処理なども代わりに行います。中には、ウェブサイトの開設・運用、顧客・販売データの管理、問い合わせやクレームへの対応などの機能を有した事業者もいます。

▶ 自社の特性を活かした戦略を描くことの重要性

ECや通販の伸長によりフルフィルメント事業者は増加しています。すべての機能を自社で抱える必要はなく、再委託先を活用する事業者も少なくありません。特に配送については宅配会社に再委託することが一般的です。

フルフィルメント事業者の出自は様々です。専業であれば、フルフィルメントの機能自体で優位性を確立することが望まれます。対して、宅配会社であれば自社の配送網を利用することでの競争力の発揮が考えられます。EC・通販事業者は受注管理や決済処理などの機能を共通化することでスケールメリットを効かせられるはずです。種々の事業者が参入する市場であればこそ、自社の特性を活かした戦略を描くことが大切です。

フルフィルメントの機能と事業者

主なフルフィルメント機能

プロモーション	ウェブサイトの開設・運用、ささげ（商品の撮影・採寸・原稿作成）、ダイレクトメールの送付 など
入荷・保管	入荷、検品、在庫管理、販売期限管理 など
受注・出荷	受注管理、決済処理、伝票作成、ピッキング、仕分け、流通加工、包装、配送 など
顧客対応	顧客・販売データの管理、問い合わせやクレームへの対応、返品・返金処理 など

日本の主なフルフィルメント事業者

専業系
- スクロール360
- イー・ロジット
- 関通
- エスプールロジスティクス
- アッカ・インターナショナル
- オープンロジ
- エクシーク
- アートトレーディング など

総合物流会社系
- ヤマト運輸
- 佐川急便
- 日本郵便
- 日本通運
- センコー
- 三井倉庫
- 三菱倉庫
- ロジスティード など

EC・通販事業者系（サービス名）
- アマゾンジャパン（フルフィルメント by Amazon）
- 楽天グループ（楽天スーパーロジスティクス）
- ベルーナ（ベルーナBiz）
- 三越伊勢丹ホールディングス（IMBSフルフィルメント）など

BPO事業者系
- トランスコスモス
- 日本トータルテレマーケティング
- ディーエムエス
- ディーエムソリューションズ
- アイ・エヌ・ジー・ドットコム
- データビジネスサプライ など

36 ターミナルオペレーター

▶ 様々な事業者がターミナルの管理・運営に参画

港湾、空港、トラックターミナルには、施設を管理・運営する事業者がいます。それらを総称してターミナルオペレーターとしていますが、明確な定義はなく、各所において呼ばれ方や機能・役割は様々です。

港湾全体を管理する事業者は埠頭会社、荷役作業の主体は港湾運送会社です。上組や山九といった大手港湾運送会社は種々の物流機能を提供する総合物流会社でもあります。

空港も似たような管理体制ですが、日本空港ビルディングのように一部の施設のみを管理している空港運営会社もあります。グランドハンドリング会社は荷役だけではなく航空機の誘導や客室の清掃、旅客の案内なども行います。

トラックターミナル会社の役割は施設の管理のみです。荷役作業は利用者である運送会社が行います。

▶ グローバリゼーションに対する戦略的判断の必要性

世界に目を向けると、国境を越えて事業を拡大するメガターミナルオペレーターの存在感が増しています。そのうちの1社であるVINCI Airportsは、関西エアポートへの出資を通じて関西国際空港などの運営権を獲得しました。グローバリゼーションが進む中で港湾・空港をどう運営すべきなのか、日本政府の戦略的な判断が求められそうです。

主なターミナルオペレーター

日本の主なターミナルオペレーター

埠頭会社
- 東京港埠頭
- 横浜港埠頭
- 名古屋港埠頭
- 阪神国際港湾
- 博多港ふ頭 など

港湾運送会社
- 上組
- 山九
- 日新
- 名港海運
- 伊勢湾海運 など

空港運営会社
- 関西エアポート
- 北海道エアポート
- 成田国際空港
- 中部国際空港
- 日本空港ビルディング など

グランドハンドリング会社
- ANAエアポートサービス
- JALグランドサービス
- 鴻池エアーホールディング
- 鈴与スカイホールディングス
- 日本空港サービス など

トラックターミナル会社
- 日本自動車ターミナル
- 泉北高速鉄道
- 北海道トラックターミナル
- 大阪港トランスポートシステム
- 岡山県トラックターミナル
- 広島市流通センター など

主なメガターミナルオペレーター

港湾ターミナルオペレーター
- PSA International(シンガポール)
- Cosco Shipping Ports(中国)
- China Merchants Ports(中国)
- APM Terminals(オランダ)
- DP World(アラブ首長国連邦) など

空港ターミナルオペレーター
- Aena(スペイン)
- Corporacion America Airports(アルゼンチン)
- VINCI Airports(フランス)
- Fraport AG(ドイツ)
- Group ADP(フランス) など

37 フォワーダー

▶ 主として国際間の多様な海上・航空輸送に対応

フォワーダーとは、実運送事業者を使って輸配送機能を提供する利用運送事業者です。国際間の海上・航空輸送を主としており、保管、包装、通関業務などにも対応します。

海上輸送主体のフォワーダーはNVOCC (Non-Vessel Operating Common Carrier)、航空主体の場合はエア・フレイト・フォワーダーとも呼ばれます。もっとも、大手事業者の多くは海上と航空の双方に対応しています。

コンテナ輸送は1本のコンテナを特定の荷主に貸し切るFCL (Full Container Load) と、複数の荷主の貨物を混載するLCL (Less than Container Load) に大別されます。トラック輸送が貸切と特積みに区分されるのと同様です。海上でのコンテナ輸送の中心はFCLであり、輸出量に占めるLCLの割合は5％にも及びません。

▶ DXによるビジネスモデルの革新は必至

デジタル化の進展は、紙の書類や電話でのやり取りを必要としていた国際輸送の現場を変えつつあります。オンラインでの管理を基本とするデジタルフォワーダーが世界各国で誕生しました。既存のフォワーダーもDX (Digital Transformation) を加速させています。ビジネスモデルの革新が急激に進もうとしている業界なのです。

フォワーダーの機能と事業者

フォワーダーの主な機能・役割

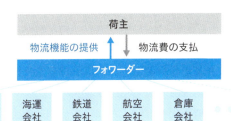

日本の主なフォワーダー

社名（中核会社）	フォワーダーとしての事業概要
NXホールディングス（日本通運）	国内最大手／トラックや鉄道の利用運送でも屈指の存在／2023年にCargo-Partnerを買収
近鉄エクスプレス	国内第2位／近鉄グループホールディングスの子会社／2015年にAPL Logisticsを買収
郵船ロジスティクス	国内第3位／日本郵船の子会社／3PLとしても国内有数の存在
西日本鉄道	国内大手／国際物流事業本部としてフォワーディング事業を展開
阪急阪神エクスプレス	国内大手／阪急阪神ホールディングスの子会社／アフリカで優位性を確立
内外トランスライン	LCLの海上輸送では国内最大手／輸出を中心に事業を展開
Shippio	日本初のデジタルフォワーダー／国際輸送の一元管理を可能とするクラウドサービスも提供

38 マッチング事業者

▶ 物流を使いたい企業と使われたい企業を結ぶ存在

マッチング事業者とは、トラックや保管スペースを確保したい荷主・物流会社と、空車のある運送会社、空きスペースのある物流施設運営者を結ぶ企業です。ユーザーに代わって適切な取引先を探索することで成約率を高めるエージェント型、ユーザーの希望条件を登録・検索可能なシステムを提供する掲示板型などがあります。トラックのマッチングについては、「水屋」と呼ばれるエージェント型の小規模事業者が数多くいることも特徴です。

▶ デジタルマッチングによる進化の可能性

デジタル化の進展はマッチングのビジネスモデルにも影響を及ぼしています。エージェント型であれば、トランコムのように人手を介して適切な取引先を探索することが一般的でしたが、それをデジタルに置き換えようとする動きが広がりつつあります。

翻って、旅客では航空機やホテルなどをオンラインで予約することが一般化しました。2000年には1％にも満たなかったオンラインの割合が現在では5割を超えます。物流は旅客よりも変数が多く、デジタルマッチングの実現は容易ではありませんが、旅客と同様の変化が将来起きることを想定すべきでしょう。

マッチングの種類と事業者

マッチングの主なパターン

トラックのマッチング

```
トラックを確保したい
荷主・物流会社
    ↓輸配送の依頼  ↑運送会社の仲介
マッチング事業者
    ↑空車の情報  ↓荷主・物流会社の仲介
トラックが空いている
運送会社
```

物流施設のマッチング

```
保管スペースを確保したい
荷主・物流会社
    ↓保管の依頼  ↑物流施設の仲介
マッチング事業者
    ↑空きスペースの情報  ↓荷主・物流会社の仲介
保管スペースが空いている
物流施設運営者
```

エージェント型

- ユーザーの希望条件を満たした適切な取引先を提示
- ユーザーに代わって取引先を探索すること、成約率を高めることで競争優位性を確立

掲示板型

- ユーザーの希望条件を登録・検索可能なシステムを提供
- ユーザー自身が取引先を探索することで低コストでの運営を実現

日本の主なマッチング事業者（サービス名）

トラック×エージェント型

- トランコム（とらなび）
- ハコベル（運送手配サービス）
- CBcloud（PickGo）など

トラック×掲示板型

- トラボックス（TRABOX）
- 日本貨物運送協同組合連合会（WebKIT2）など

物流施設×エージェント型

- souco（倉庫シェアリング）
- NRS（AnyWareHouse）など

物流施設×掲示板型

- Gaussy（WareX）
- 押入れ産業（ロジセレクト）など

39 3PL

▶ 荷主の物流機能を包括受託する総合物流会社

3PLとは、荷主の物流機能を包括的に受託し、もって最適化を実現しようとする事業者です。自社で様々な物流機能を保持するアセット型と、他社の物流機能を活用するノンアセット型の2種類に大別されます。日本では、大手の総合物流会社が3PL事業を展開することが多く、大半はアセット型です。

かつての日本は1PLや2PLが主流でした。しかし、競争がグローバル化し、選択と集中を進める中で、物流を外部化する企業が増えたのです。その受け皿となった3PLは物流市場全体よりも高い成長を実現しています。

▶ 価値を能動的に創造・提供することの重要性

昨今は、3PLを超えた存在として4PLや5PL、あるいは、LLP（Lead Logistics Provider）を標榜する事業者もいます。もっとも、その定義は一様ではなく、物流戦略の策定まで支援すること、コンサルティング機能を有すること、サプライチェーン全体での最適化を実現することなど様々です。その是非はさておき、単に物流機能を包括受託するだけでは差別的優位性を得られにくくなっていることは間違いありません。勝ち残るためには、荷主に対して能動的に価値を創造・提供していくことが望まれます。

3PLの機能と事業者

1PL・2PL・3PLの主な差異

1PL
すべての物流業務を自社で遂行

荷主
自社物流

2PL
一部の物流機能を外部に委託

荷主
自社物流 | 物流会社

3PL
すべての物流機能を外部に包括委託

荷主
物流会社

日本の主な3PL

社名（中核会社）	3PLとしての事業概要
ロジスティード	国内最大手／旧商号は日立物流／機械、自動車、小売などの多様な業界で事業を展開
センコーグループホールディングス（センコー）	化学やアパレルを中心に事業を展開／オンワードホールディングスの物流子会社を買収
郵船ロジスティクス	日本郵船の子会社／自動車、電機、医薬品などの多様な業界で事業を展開
SBSホールディングス	消費財や機械部品などの多様な業界で事業を展開／リコーと東芝の物流子会社を買収
NXホールディングス（日本通運）	電機や機械などの多様な業界で事業を展開／日本電気とパナソニックの物流子会社を買収
キユーソー流通システム	キユーピーのグループ会社／食品や小売を中心に事業を展開
山九	鉄鋼や化学を中心に事業を展開／プラントエンジニアリングや構内物流などにも対応
鴻池運輸	鉄鋼や食品・飲料を中心に事業を展開／工場での作業請負や設備保全などにも対応

40 日本を代表する物流会社

▶ 上位3社は売上高が2兆円を超える国内有数の事業者

　国内最大の物流会社は日本郵便です。郵便局の窓口業務を含んだ売上ではあるものの、物流業界で唯一の3兆円超えを果たしました。宅配業界からはヤマトホールディングスやSGホールディングスも上位に名を連ねています。

　売上第2位は日本郵船です。子会社の郵船ロジスティクスはフォワーダーや3PLとして国内屈指の存在であり、総合物流会社としての機能を備えています。商船三井や川崎汽船も上位であり、物流業界における海運会社の存在感の大きさが見て取れます。

　売上第3位はNXホールディングスです。中核会社である日本通運は、国内最大手のフォワーダーであると同時に、最大手の運送会社でもあります。

▶ 物流は売上と営業利益率が比例しない労働集約的産業

　各社の主力事業を記してはいますが、27で述べたように、大手物流会社の多くは複数の事業を展開しています。どのような事業を展開しているのか、その全体像を把握することが重要です。

　売上が大きい企業ほど営業利益率が高いわけではなく、規模の経済性は働いていません。いまだ労働集約的な産業であることの証左といってよいでしょう。

日本の大手物流会社の業績（売上上位20社）

	社名	主力事業	売上（億円）	営業利益率
1	日本郵便	宅配	33,237	0.2%
2	日本郵船	海運	23,872	7.3%
3	NXホールディングス	FWD	22,390	2.7%
4	ヤマトホールディングス	宅配	17,586	2.3%
5	商船三井	海運	16,279	6.3%
6	SGホールディングス	宅配	13,169	6.8%
7	川崎汽船	海運	9,623	8.8%
8	ロジスティード	3PL	8,002	4.9%
9	センコーグループホールディングス	3PL	7,784	3.8%
10	セイノーホールディングス	特積み	6,428	3.6%
11	山九	3PL	5,635	6.2%
12	SBSホールディングス	3PL	4,319	4.6%
13	鴻池運輸	3PL	3,150	5.3%
14	福山通運	特積み	2,876	3.6%
15	上組	港湾運送	2,668	11.5%
16	三井倉庫ホールディングス	倉庫	2,606	8.0%
17	ニチレイロジグループ本社	低温物流	2,574	6.2%
18	三菱倉庫	倉庫	2,545	7.4%
19	NSユナイテッド海運	海運	2,331	9.3%
20	ニッコンホールディングス	運送	2,223	9.6%

注1：旅客を売上の主体とする鉄道会社や航空会社などは除外
注2：2024年3月期決算での連結の業績（NXホールディングスとSBSホールディングスは2023年12月期決算）
注3：FWDはフォワーダーの略

出所：各社IR資料をもとに筆者作成

41 世界を代表する物流会社

インテグレーターと海運会社が売上上位に屹立

世界最大の物流会社はUPSです。売上第2位のDHL、同第3位のFedExもインテグレーターであり、上位3社を占めていることが世界の物流市場の特徴です。

売上第4位は海運会社のMaersk、同第5位はCMA CGMです。31で紹介したMSCはMaersk以上の船腹量を有するものの、決算を非開示としているため、このリストから漏れています。これを考慮すると、世界の物流市場における海運会社のプレゼンスは相当に大きいはずです。

日本市場との比較でいえば、貨物鉄道会社が上位にいること、3PLが少ないことは顕著な相違点です。

日本企業には売上・利益率のさらなる向上を期待

日本の会社では、国内最大手の日本郵便が売上第12位にランクインしています。日本郵船とNXホールディングスも上位20社に含まれており、日本の物流会社は世界市場で一定の存在感を確保していると見てよいでしょう。

しかしながら、上位5社と比べると売上規模で大きな隔たりがあります。営業利益率についても世界の上位企業の方が相対的に高い傾向にあります。日本企業には、事業規模の拡大と収益力の向上により、グローバルでの競争力をなお一層高めることが期待されます。

世界の大手物流会社の業績（売上上位20社）

	社名	本社	主力事業	売上（百万ドル）	営業利益率
1	UPS	米国	航空	90,958	10.0%
2	DHL	ドイツ	航空	88,428	6.8%
3	FedEx	米国	航空	87,693	8.0%
4	Maersk	デンマーク	海運	51,065	5.9%
5	CMA CGM	フランス	海運	47,020	―
6	SF Holding	中国	宅配	36,533	3.8%
7	Kuehne + Nagel	スイス	FWD	26,548	7.9%
8	COSCO	中国	海運	24,804	11.0%
9	Union Pacific	米国	鉄道	24,119	37.7%
10	BNSF Railway	米国	鉄道	23,876	31.0%
11	JD Logistics	中国	宅配	23,557	0.9%
12	日本郵便	日本	宅配	23,020	0.2%
13	DSV	デンマーク	FWD	21,888	11.7%
14	DB Schenker	ドイツ	FWD	21,118	―
15	Hyundai Glovis	韓国	3PL	19,657	6.1%
16	Hapag-Lloyd	ドイツ	海運	19,392	14.1%
17	C.H. Robinson	米国	運送	17,596	2.9%
18	日本郵船	日本	海運	16,534	7.3%
19	NXホールディングス	日本	FWD	15,954	2.7%
20	IDS	英国	宅配	15,936	0.1%

注1：決算を非開示とする企業及び旅客を売上の主体とする鉄道会社や航空会社などは除外
注2：2023年12月期決算での連結の業績（FedExは2024年5月期、日本郵船とIDSは2024年3月期決算）
注3：FWDはフォワーダーの略
出所：各社IR資料をもとに筆者作成

モーダルシフト

　モーダルシフトとは、輸送手段を環境負荷の小さい鉄道や船舶に切り替えることを指します。トラックに比べるとCO_2の排出量が少ないだけではなく、1人あたりの輸送量が多いため、人手不足対策にもなります。輸送距離が長ければ、コスト面でも優位です。

　1991年、運輸省（現国土交通省）はモーダルシフトの推進を表明しました。以来、鉄道や船舶の利用拡大を図っていますが、輸送分担率の増加には至っていません。「駅や港まで輸送する必要がある」「定期輸送のため発着時間を自由に変えられない」「短距離では割高となる」といった不利を覆せていないからです。

　とはいえ、脱炭素化への社会的要請は着実に高まっています。ドライバーの不足によるトラック輸送費の上昇は、鉄道や船舶のコスト優位性を相対的に向上させるでしょう。2023年10月、日本政府は鉄道や船舶の輸送量を今後10年程度で倍増させるとの方針を発表し、各種の予算的措置を講じています。荷主企業はこういった中長期での変化を見据えて鉄道や船舶の活用拡大を戦略的に判断することが期待されます。

第4章

荷主企業・業界

42 荷主とは？

▶ ほとんどすべての企業・個人は荷主

荷主とはモノの所有者です。大多数の企業はモノを所有しているので、荷主ではない企業は実質存在しないといっても過言ではないでしょう。

メーカーであれば自社製品を出荷するときだけではなく、原材料を調達したり、生産設備を導入したり、スクラップを廃棄したりするときにも物流を使います。小売店は商品やレジ袋などを搬入してもらう必要があります。

モノを持たないように見える金融機関にしても現金は輸送しますし、店舗にあるATMはどこかから運ばれてきたはずです。通信会社もPCというモノを使っています。

企業だけではなく個人も荷主です。誰かにモノを送ったり、宅配を受け取ったり、引っ越したりするからです。

▶ 発荷主・着荷主・物流会社の三角関係

荷主は、モノの出し手である発荷主と、受け手である着荷主に大別されます。モノを輸配送するときに運賃を支払うのは発荷主であることが一般的です。つまり、物流会社の契約相手は発荷主になるわけですが、着荷主からも要望を受けます。宅配を受け取る際に、時間を指定したり、再配達を依頼したりすることがあるのと同じです。荷主と物流会社の間にはこの三角関係があることに留意が必要です。

荷主の概要

荷主企業と輸配送するモノ（例）

メーカー
- 自社製品
- 原材料
- 生産設備 など

農家
- 農産物
- 農薬
- 肥料 など

建設会社
- 建設資材・機械
- 安全装備
- 仮設トイレ など

電力会社
- 燃料
- 発電・送電設備
- 保守用品 など

金融機関
- 現金
- ATM
- 帳票用紙 など

通信会社
- PC
- サーバー
- 伝送路設備 など

小売店
- 商品
- レジ袋
- 什器 など

飲食店
- 食材
- ペーパーナプキン
- 食器 など

発荷主・着荷主と物流会社の関係

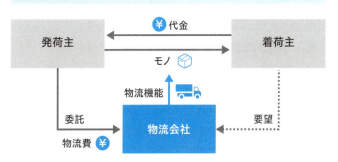

43 荷主業界とは？

業界によって異なる物流の事業環境

　物流を取り巻く事業環境は荷主の属する業界によって異なります。ECや冷凍食品のように成長している業界であれば物流機能の拡充が経営課題となりますが、出版やたばこのように縮小傾向にあるのなら物量が減る中での効率性の維持が問われます。医薬品や半導体のように軽くて高額なモノは売上高に占める物流費の割合が小さく、物流費の抑制よりも品質の維持・管理を重視しますが、重くて安いモノであれば真逆の判断に至ります。

業界の課題を把握することの重要性

　荷主からすれば、自社の属する業界の特徴を正しく理解することが大切です。業界共通の課題を浮き彫りにできれば、デジタル化や脱炭素化、共同物流などを進めやすくなります。物流の最適化を図るにあたっては、同業他社は無論のこと、類似の特徴を有する業界での先進的な取り組みをベンチマーク分析することも有効でしょう。

　物流会社としては、ターゲット業界での経営課題を的確に把握することが望まれます。個社最適ではなく、業界全体の最適化に資する物流プラットフォームを構築できれば、その業界に属する広範な荷主企業の利用を得られるだけではなく、自社の企業価値を高めることにもなるはずです。

荷主業界による主な差異

市場規模	成長	縮小
	・成長に応じて物流機能を拡充することが重要 ・EC、冷凍食品、医薬品 など	・物量が減る中で効率性を維持することが重要 ・出版、たばこ、化石燃料 など

企業数	寡占	乱立
	・共同物流は荷主主導で進展 ・完成車、ビール、コンビニエンスストア など	・共同物流は物流会社主導で進展 ・家電、アパレル、EC など

競争相手	グローバル	ローカル
	・デジタル化や脱炭素化などへの対応が重要 ・自動車、化学製品、アパレル など	・レガシーへの対応が重要 ・生鮮食品、建設、卸・小売 など

事業領域	生産財／生産物流	消費財／販売物流
	・取引先・品種は限定的だが荷姿は様々 ・化学製品、自動車部品、建設資材 など	・取引先・品種は多様だが荷姿は段ボール梱包 ・卸・小売、EC、雑貨 など

重量単価	高価格	低価格
	・品質の維持・管理を最重視、航空輸送を活用 ・医薬品、半導体、貴金属 など	・物流費の抑制を最重視、海上・鉄道輸送を活用 ・紙・パルプ、セメント、ゴム など

44 自動車業界

サプライチェーン全体での最適化が進んだ業界

　自動車サプライチェーンの最たる特徴はジャスト・イン・タイムが基本であることです。必要なモノを、必要なときに、必要なだけ供給すること、結果としてムダな在庫をなくすことが重視されます。

　サプライヤー、メーカー、ディーラーの関係が総じて固定的であることも特徴です。取引が長期継続することを念頭に共通の管理システムを導入するなど、サプライチェーン全体での最適化が相対的に進んだ業界といえます。

　完成車の輸送ではキャリアカーや自動車専用船といった専用の輸送手段を用います。部品はトラックやコンテナでの輸送となるため、両者は全く異なる物流となります。

自動車生産・供給のあり方が変容する可能性

　コロナ禍での物流の混乱は、ジャスト・イン・タイムでの生産に危機をもたらしました。部品調達の停滞により減産を強いられたからです。今後は、一定の在庫を持つ経営への転換が図られることも十分に考えられます。

　EV（電気自動車）へのシフトは自動車生産のあり方を大きく変えます。PCのようにパーツを組み合わせれば済むようになるからです。調達先や販売先を随時見直すようなサプライチェーンに変容していくことを想定すべきです。

自動車サプライチェーンの特徴と変革の方向性

自動車サプライチェーンの特徴

ジャスト・イン・タイム
自動車生産ではジャスト・イン・タイムが基本となっており、必要なモノを、必要なときに、必要なだけ供給できる物流が期待されます

固定的な取引関係
サプライヤー、メーカー、ディーラーの関係は他産業と比べて固定的であり、取引が長期継続することを念頭に管理システムの共通化などが図られています

完成車と部品で異なる物流
完成車の輸送ではキャリアカーや自動車専用船といった専用の輸送手段を用いるため、トラックやコンテナに積載する部品とは全く異なる物流となります

自動車サプライチェーンの全体像と変革の方向性（例）

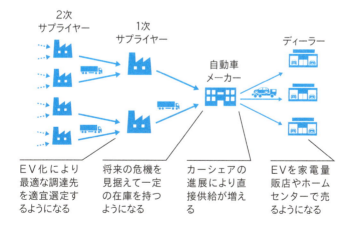

45 家電業界

シンプルで共通性の高い物流プロセス

　家電生産は自動車のような階層構造になっていません。大手家電量販店にはメーカーから直接納品されることが多く、卸売を介さないシンプルな流通です。

　日本国内で販売される家電の多くはアジアで生産され、コンテナ船で輸送されます。主要港で荷揚げされてからの物流プロセスは概ね各社共通であり、メーカーのDC（13参照）、小売のDCを経て店舗に運ばれます。

　かつて大手家電メーカーは物流子会社を持っていましたが、その多くは選択と集中の一環で売却しました。家電量販店に関しても自社で物流を直接管理している大手はヨドバシカメラとビックカメラくらいです。

水平・垂直連携が最も進んだ業界

　NXホールディングスや三井倉庫ホールディングスは物流子会社の買収などを通じて複数メーカー・量販店の物流を担うようになりました。現在では、1つのDCに複数メーカーの在庫を保管し、混載輸送するといった水平での共同化を実現しています。一部地域では、メーカーと小売のDCを一箇所に集約することで当該企業間の輸送を不要にしました。これらの取り組みにあるように、家電は水平・垂直連携が最も進んだ業界といってよいでしょう。

家電サプライチェーンの特徴と外部化の歴史

家電サプライチェーンの特徴

シンプルな階層構造
サプライヤーが多重階層ではなく、大手家電量販店にはメーカーから直接納品することが一般的であるなど、流通経路がシンプルです

アジアからの輸入品中心
日本国内で販売される家電の多くはアジアからの輸入品であり、主要港で荷揚げされてから店舗で販売されるまでの物流プロセスは概ね各社共通です

外部化・共同化の進展
家電メーカー、家電量販店ともに物流機能を外部化・共同化する企業が多く、他業界と比べて水平・垂直連携が進んでいます

家電メーカーによる物流子会社の売却（例）

売却年	親会社	物流子会社	買収企業
2010年	三洋電機	三洋電機ロジスティクス	ロングリーチグループ（2012年に三井倉庫に売却）
2013年	日本電気	NECロジスティクス	日本通運
2014年	パナソニック	パナソニックロジスティクス	日本通運
2015年	ソニー	ソニーサプライチェーンソリューションズ	三井倉庫ホールディングス
2020年	東芝	東芝ロジスティクス	SBSホールディングス
2023年	日立製作所	日立物流	KKR
2024年	三菱電機	三菱電機ロジスティクス	セイノーホールディングス

注：社名は当時のもの

46 化学業界

▶ モノとしての特殊性が高いサプライチェーン

化学製品は性状が多様です。液体や気体で輸配送されるモノも少なくありません。それゆえ、タンクコンテナやタンクローリーなどを保有・運用できることが求められます。

危険物に該当する製品が多いことも特徴です。危険物取扱者や高圧ガス移動監視者などの配置に加えて、危険物倉庫を保有していることが望まれます。

つまるところ、化学製品は他業界と比べて特殊性が高く、取り扱える物流会社は限られます。特にサプライチェーンの川上に位置する基礎化学製品は液体や気体で輸配送される危険物が多く、化学メーカーの物流子会社、高度なノウハウを有する総合物流会社、液体・気体の取扱を専門とする物流会社が高いプレゼンスを有します。

▶ 業界全体での最適化が進む可能性

化学業界はその特殊性ゆえに業界内で連携して最適化を図ろうとする傾向があります。個別企業間での物流の共同化のみならず、2023年には政府のフィジカルインターネット実現会議に化学品ワーキンググループが設置されるなど、企業の境を越えた取り組みが業界全体に広がろうとしています。今後、家電業界のような水平・垂直連携が進むかもしれません。

化学サプライチェーンの特徴と主な物流会社

化学サプライチェーンの特徴

モノとしての性状の多様性

液体や気体で輸配送・保管される化学製品もあるため、それを可能とする資材・容器、輸送手段、物流施設を備えている必要があります

危険物対応の必要性

危険物に該当する化学製品は少なくないため、その取扱を可能とする有資格者の配置と、危険物倉庫の保有が求められます

化学製品を取り扱える物流会社は限定的

総じて特殊性が高く、中でもサプライチェーンの川上に位置する基礎化学製品を取り扱える物流会社は限られます

化学製品を得意とする主な物流会社

社名（中核会社）	化学製品の物流に関する事業概要
三菱ケミカル物流	三菱ケミカルの子会社／グループ外にも物流機能を提供／タンカーやヤードなどを運用
東ソー物流	東ソーの子会社／グループ外にも物流機能を提供／タンカーやタンクローリーなどを運用
山九	国内外に数多くの危険物倉庫を展開／化学工場のプラントエンジニアリングにも対応
センコーグループホールディングス（センコー）	タンクコンテナでの複合一貫輸送やバルクコンテナ物流システムなどを提供
NRS	液体化学製品を専門とする物流会社／タンクコンテナやタンクローリーなどを多数運用
日本コンセプト	タンクコンテナでの国内外複合一貫輸送を専門とする物流会社

47 建設業界

▶ 現場との連携を必要とする搬入・配送管理

建設現場に運ばれるモノは、クレーンでなければ持ち上げられない鋼材、ミキサー車での運搬が必須となる生コンクリートなど千差万別です。建材だけではなく、建設機械や仮設トイレなども輸配送されます。

建設資材は工事の進捗に応じて搬入することが重要です。資材を置けるスペースが限られることも多く、必要なモノを、必要な順番に、必要なタイミングで配送しなければ現場が混乱します。

搬入先が日々変わることも建設業界の特徴です。店舗配送のように、毎日同じ場所に同じモノを届ければよいということはありません。工期の遅れや手順の変更などにも即して配送ルートを随時組み替えることが求められます。

▶ サプライチェーンマネジメントのデジタル化

建設業界では人材不足を背景としたDXが進展しつつあります。建設情報をモデル化し、企画・設計から施工までをデジタルで管理することで、生産性を高めようとする取り組みが世界的に広がっています。残念ながら日本は欧米の後塵を拝していますが、将来的には上述の複雑なサプライチェーンをデジタルに管理することが一般化すると見るべきです。

建設サプライチェーンの特徴と主な貨物

建設サプライチェーンの特徴

形状や大きさの多様性
クレーンでなければ持ち上げられない大型の資材から釘やネジに至るまで多様な形状・大きさのモノを取り扱うことが求められます

スケジューリングの重要性
工事の進捗に応じて、必要なモノを、必要な順番に、必要なタイミングで搬入することが重要となります

随時配送ルートを組み替える必要性
搬入先となる建設現場は日々変わるため、随時配送ルートを組み替える必要があります

建設現場に輸配送されるモノ（例）

鋼材・木材
建築物や構造物の骨組みに用いられる建設材料

生コンクリート
セメント、砂、砂利に水を混合した建設材料

ユニットバス
壁面と浴槽などが一体化した浴室

配管設備
電気、ガス、水道などを通すための設備

建設機械
建設作業に使われる機械

仮設トイレ
建設現場に一時的に設置されるトイレ

48 アパレル業界

▶ アパレル特有のシーズンサイクルとSPA

アパレル業界はシーズン単位で新しい商品を企画・販売することが通例です。シーズン前には在庫が積み上がり、最後はセールで売り尽くすというサイクルです。

ファーストリテイリングやワールドのように企画・製造から販売までの一貫体制を有するSPA (Speciality store retailer of Private label Apparel) が存在することも特徴です。サプライチェーンを垂直統合することによって流通効率の向上を実現しています。

日本国内で販売される衣類の大半はアジアからの輸入品です。中でも、中国から上海港経由で輸入される衣類が多く、一部では共同物流による効率化が図られています。

▶ 従来とは異なるサプライチェーンの出現

近年、従来型の企画・販売サイクルでは商品を売り切れなくなったこともあり、今までとは異なるサプライチェーンが出現しています。ウルトラファストファッションのSHEIN、パターンオーダーのDIFFERENCE、ファッションサブスクのairClosetなどはその代表的な存在です。サプライチェーンを効率化するための手段としてRFID (Radio Frequency Identification) の活用が広がりつつあることも特徴といってよいでしょう。

アパレルサプライチェーンの特徴と変革の事例

アパレルサプライチェーンの特徴

シーズン単位での企画・販売サイクル
シーズン単位で新しい商品を企画・製造し、次のシーズンまでに売り切ることが基本のサイクルとなります

SPAによる垂直統合
企画・製造から販売までの一貫体制を有するSPAが有力事業者として存在します

中国からの輸入品中心
日本国内で販売される衣類の大半は中国をはじめとするアジアからの輸入品であり、工場を出荷してから店舗で販売されるまでの物流プロセスは概ね各社共通です

サプライチェーン変革の事例

ブランド名	変革の方向性
SHEIN	流行しているファッションを短期間に企画・製造・販売 ・小ロットになることで一着あたりの開発・製造費は上昇 ・常に売り切れることでプロパー消化率を最大化
DIFFERENCE	パターンオーダーのスーツを販売 ・オーダーメイドになることで一着あたりの製造費は上昇 ・在庫レスにより保管費を最小化、プロパー消化率を最大化
airCloset	プロのスタイリストが選んだ洋服を定額レンタルで提供 ・レンタル用の洋服を保持することでの在庫費が発生 ・継続的な利用を得ることで安定的な収益を獲得
ユニクロ	全商品にRFIDタグを付けることで管理をデジタル化 ・RFIDタグの取付、リーダーの設置に関する費用が発生 ・セルフレジ化による売上増加、在庫管理の効率化を実現

注：プロパー消化率とは、定価で販売できた商品の割合

49 食品・飲料業界

▶ 賞味・消費期限や温度などの管理が必要

　食品・飲料業界ならではの特徴といえば、賞味・消費期限があることです。その情報を管理するとともに、入荷時期の古いモノから出荷することで期限切れを防ぐことが求められます。

　温度管理を必要とするモノが多いことも特徴です。冷蔵・冷凍食品だけではなく、生肉や鮮魚などの生鮮食品、紙パックに入れられた飲料などもその対象となります。

　食品・飲料のサプライチェーンは極めて複雑です。生鮮食品の多くは市場を介して流通しますが、小売に直接販売されるモノもあります。加工食品にしても、商品の種類や納品先によって経由する卸が変わります。パンやハムのように、卸を介さないことが一般的なモノもあります。

▶ 企業の垣根を越えた共同化の進展

　食品・飲料は売上高に占める物流費の割合が相対的に高いこともあり、効率化に向けた取り組みが企業の垣根を越えて広がりつつあります。味の素をはじめとする食品メーカー5社は各社の物流機能を集約したF-LINEを設立しました。アサヒ、キリン、サッポロ、サントリーの4社は物流の共同化を進めています。食品・飲料のサプライチェーンは大きな変革期を迎えようとしているのです。

食品・飲料サプライチェーンの特徴と流通経路

食品・飲料サプライチェーンの特徴

賞味・消費期限の存在
賞味・消費期限を管理すること、先入れ先出しでの出荷により期限切れを防ぐことが求められます

温度管理の必要性
冷蔵・冷凍食品はもちろんのこと、生鮮食品や飲料などの中にも温度管理を必要とするモノがあります

複雑な流通構造
生産から販売に至るまで大小様々な事業者が存在するだけではなく、商品の種類や販売先によって流通経路が異なるなど、他業界と比べてサプライチェーンの構造が複雑です

食品・飲料の主な流通経路

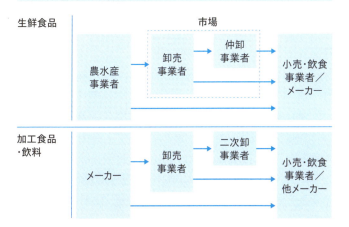

50 医薬品業界

▶ 品質と安定供給重視のサプライチェーン

　医薬品は売上高に占める物流費の割合が小さいこともあり、物流費を抑制することよりも品質を維持・管理することが重視されます。人の生命活動を維持するために必要な医薬品もあることから、災害の発生や感染症の流行といった危機的事象が生じたときにも安定的に供給できるようにすることが求められます。

　医薬品の多くは卸売事業者を介して病院や薬局に配送されます。医薬品卸は、メディパルホールディングス、アルフレッサホールディングス、スズケン、東邦ホールディングスの上位4社で9割近くのシェアを占める寡占市場であり、医薬品流通のハブとしての機能を担っています。対して、製薬会社の物流は三菱倉庫やロジスティードなどの3PLを中心に共同化・高度化が図られています。

▶ 市場の成長と変革に対応することの重要性

　医療の進歩により高分子薬や培養細胞などの高度な管理を必要とする医薬品が増えつつあります。製薬会社と医薬品卸のDCの垂直統合、処方箋薬の宅配といったサプライチェーンの変革も進んでいます。医薬品は日本国内において今後の成長が期待される限られた領域であり、この変化に対応しつつ物流機能の拡充を図ることが期待されます。

医薬品サプライチェーンの特徴と変革の方向性

医薬品サプライチェーンの特徴

物流品質を最重視
物流費を抑制することよりも、温度を適切に管理すること、トレーサビリティを担保すること、セキュリティ対策を徹底することが重視されます

安定供給への責任
感染症の流行や災害の発生といった危機的事象が生じた際にも安定的に供給できることが求められます

物流機能の共同化・高度化
大手の医薬品卸や3PLを中心に物流機能の共同化・高度化が図られています

医薬品サプライチェーンの全体像と変革の方向性（例）

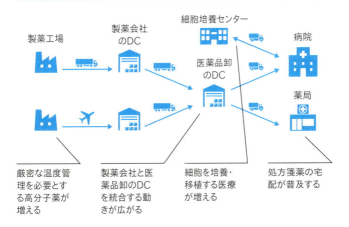

51 小売業界

▶ 小売ならではの出荷・配送と商慣習

　小売店舗への配送は納品先の店舗ごとに仕分けて出荷することが一般的です。1台のトラックに納品先の店舗で販売される様々な種類の商品が積み込まれます。

　商品の仕入先であるメーカーや卸売事業者が店舗に直接納品する場合と、小売事業者の物流センターに搬入してから配送される場合の2種類があります。後者であれば、メーカーや卸売事業者は店舗別仕分けをせずに済みますが、食品スーパー、コンビニ、ホームセンター、家電量販店などの小売事業者はその代価としてセンターフィーを請求することが通例です。

　特売やセール、天候、流行などによって需要が大きく変動することも特徴です。それに対処できる物流機能を有することが求められます。

▶ 業態の境界線を越えた物流の共同化

　ホームセンターやドラッグストアで食品を取り扱ったり、家電量販店でクルマを販売するなど、業態間の垣根は急速に低下しています。M&Aにより複数の業態を傘下に置くことに成功した巨大流通チェーンも少なからず存在します。物流に関しても業態の境界線を越えた共同化が進むと見るべきでしょう。

小売サプライチェーンの特徴と業態による差異

小売サプライチェーンの特徴

店舗単位での出荷・配送
モノの種類別ではなく、納品先の店舗ごとに仕分けて出荷・配送することが一般的です

センターフィーの存在
一部の業態では、小売事業者が店舗別での仕分けや出荷・配送などを行う場合、仕入先であるメーカーや卸売事業者にセンターフィーを請求することが商慣習となっています

需要変動への対処
需要が短期的に大きく増加・減少することがあり、その変動に対処できることが求められます

業態によるサプライチェーンの差異（例）

業態	特徴
食品スーパー	三温度帯での保管・配送は必須／特売や天候などによる需要変動への対処を重視
コンビニエンスストア	三温度帯での保管・配送は必須／納品先がフランチャイジーとなるため定時到着性を重視
アパレルショップ	膨大な種類の商品を管理／百貨店などの大型商業施設には納品代行事業者が共同で搬入
ホームセンター	多様な大きさの商品を管理／ホームセンター間でのM&Aによるサプライチェーンの統合が進展
家電量販店	多様な大きさの商品を管理／物流の共同化が進展／大型家電の宅配・設置・回収機能は必須
書店	再販・委託制度に基づいた商取引であるため書店から物流センターへの返本が定常的に発生

52 EC業界

個人向けであるがゆえの様々な業務対応

　ECでは当然ながら個人への小口出荷が基本となります。自社の配送網を有する一部の大手ECを除けば宅配事業者に配達を委託することになるでしょう。個人からの注文・決済や問い合わせなどへの対応も必須です。

　注文を受けてから納品までのリードタイムを短縮することも重要です。納品まで時間がかかると他のECを利用されてしまうかもしれません。短ければ顧客満足度を高めることにも、在庫を速やかに減らすことにもなるはずです。

　ECでの販売は実店舗よりも返品率が高くなります。返品率を下げるための対策を講じること、返品を受けた際に適切な対応を取れるようにすることが大事です。

成長のトレンドに即した物流機能拡充の重要性

　翻って、日本のB to C市場における物販のEC化率（全商取引に占めるECの割合）は9％強です。これは欧米や中国より低く、今後のさらなる成長が期待できます。中でもEC化率が相対的に低水準な食品や飲料がその最右翼になるのだとすれば、冷蔵・冷凍での配達が増えることも予想されます。近年高成長を遂げている越境ECも有望でしょう。こういったEC業界のトレンドを見定めつつ、物流機能を戦略的に拡充することが望まれます。

ECサプライチェーンの特徴と市場構成

ECサプライチェーンの特徴

個人・個宅向けのサプライチェーン
小口での出荷、宅配事業者による配送が基本となることに加えて、個人からの注文・決済や問い合わせなどに対応することが求められます

リードタイム短縮の重要性
販売機会の拡大、顧客満足度の向上、在庫費の低減などを図るにあたってはリードタイムを短縮することが有効です

返品対応の必要性
ECで販売した商品の返品率は実店舗よりも高いことが多く、返品率を下げるための対策を講ずること、返品を受けた際に適切な対応を取れるようにすることが望まれます

日本のBtoCでのEC物販市場（2023年）

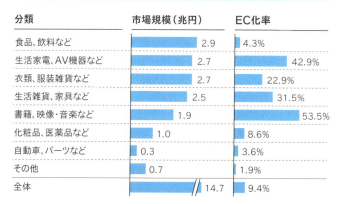

分類	市場規模（兆円）	EC化率
食品、飲料など	2.9	4.3%
生活家電、AV機器など	2.7	42.9%
衣類、服装雑貨など	2.7	22.9%
生活雑貨、家具など	2.5	31.5%
書籍、映像・音楽など	1.9	53.5%
化粧品、医薬品など	1.0	8.6%
自動車、パーツなど	0.3	3.6%
その他	0.7	1.9%
全体	14.7	9.4%

出所：経済産業省「令和5年度電子商取引に関する市場調査報告書」（2024年9月）をもとに筆者作成

53 荷主にとっての物流とは？

▶ 業界によって異なる外部化・共同化の状況

日本では決算の調整弁や人材の受け皿として物流子会社を傘下に置く大手荷主が数多く存在しました。しかし、2000年3月期より財務諸表の開示が連結決算中心に改められたことで、選択と集中により経営効率の向上を図ろうとする企業は物流を外部化するようになりました。家電メーカーや製薬会社はその筆頭といってよいでしょう。

一方で、自動車や建設のように自社で物流を管理することが基本の業界もあります。外部化や共同化は業界による差が大きいと見るべきです。

▶ 外部化・内部化は事業性をもとに判断

物流機能の適切な委託先がなければ、自社で管理せざるを得ません。委託するよりもコストを抑制できたり、リードタイムを短縮できたりするのであれば、自社で管理する経済的な利点があります。物流機能を他社に提供することで収益を得られる場合も同様です。このいずれにも該当しないのであれば、物流機能の外部化を検討すべきです。

業界全体で外部化が進んでいるからといって、それが最適な選択肢とは限りません。実際、製薬会社の大塚ホールディングスは子会社の大塚倉庫を通じて物流機能を他社に提供することで物流の共同化・収益化を実現しています。

外部化・共同化の動向と判断基準

外部化・共同化のステージ

	物流管理の動向	該当業界（例）
ステージ1：自社管理	・荷主及びその物流子会社による管理が大半 ・共同物流は限定的	・自動車業界 ・建設業界 ・鉄鋼業界 など
ステージ2：共同管理	・荷主及びその物流子会社による管理が大半 ・荷主主導の共同物流が進展	・化学業界 ・食品・飲料業界 ・家具業界 など
ステージ3：外部化による水平連携	・委託先の物流会社による管理が増加 ・物流会社による水平での共同物流が進展	・アパレル業界 ・小売業界 ・EC業界 など
ステージ4：外部化による水平・垂直連携	・委託先の物流会社による管理が一般化 ・物流会社による水平・垂直での共同物流が進展	・家電業界 ・医薬品業界 など

外部化・内部化を判断する基準

物流機能を内部化すべき荷主

- 物流機能の適切な委託先がない
- 自社グループで物流を管理することにより収益を増やせる
- 他社に物流機能を提供することで収益を得られる

いずれにも該当しない場合は外部化を検討すべき

CLO
(Chief Logistics Officer)

　CLO（Chief Logistics Officer）とは、サプライチェーンに関して責任と権限を有する役員です。役職名にはロジスティクスとありますが、物流だけではなく、調達・生産から販売までの全体を最適化する役割を担います。そのため、CSCO（Chief Supply Chain Officer）と呼ばれることもあります。

　欧米ではめずらしくない役職ですが、日本でCLOを設置している企業はごく一部に限られます。物流部長やSCM室長はいても、経営陣にサプライチェーン全体の最適化を主管とする役員はいなかったわけです。

　この状況が大きく変わろうとしています。2024年5月に流通業務総合効率化法が改正され、一定規模以上の荷主企業には物流統括管理者の選任が義務付けられたからです。政府の資料では物流統括管理者をCLOと略称しており、サプライチェーン全体の最適化を担う役員であることが必要とされています。

　今後、CLOの設置が一般化すれば、日本全体のサプライチェーンが最適化されます。日本企業の収益性が向上し、国際競争力を高めることにもなるでしょう。

第 5 章

物流機械・システムメーカー

54 物流機械・システムメーカーとは？

▶ 物流に必須の機械・システムを開発・提供

物流では多種多様な機械・システムが使われます。トラックや船舶といった輸送機械はもちろんのこと、フォークリフトやハンディターミナルなどのマテハン機器も必要です。TMSやWMS（20参照）などのシステムも活用されています。第2章の21で述べたように、こういった機械・システムを開発・提供するメーカーは物流に欠かすことのできない存在です。

▶ メーカーだけではない物流を支える事業者

物流を支える事業者はメーカーだけではありません。物流施設を開発・提供するデベロッパーもその一翼を担っています。

GTPやAMR（15参照）などの先進的なマテハン機器を複数組み合わせて活用するためには、相互に連携可能なシステムを構築したり、WESやWCSを導入したりすることが求められます。だからこそ、その担い手であるシステムインテグレーターの役割も重要です。

近年は、各種の機械をリースやレンタルで導入し、初期費用の抑制や投資リスクの軽減を図ることが増えています。これを可能とするリース・レンタル事業者も物流を支える存在といってよいでしょう。

物流を支える事業者

運送会社を支える主な事業者

倉庫会社を支える主な事業者

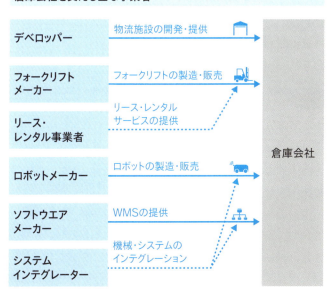

55 トラックメーカー

国・地域ごとに有力なメーカーが異なる競争環境

　トラックメーカーは物流を支える事業者の中で最も存在感があるといってよいでしょう。その国内市場は寡占化しており、いすゞ自動車、日野自動車、三菱ふそうトラック・バス、UDトラックスの日系トラックメーカー4社による製造が大多数を占めます。ただし、軽トラックについては軽自動車メーカーであるスズキとダイハツ工業がマーケットリーダーです。トラックの製造は乗用車と違って国・地域ごとに有力な事業者が異なることもあり、最大手の東風汽車集団やダイムラー・トラックでさえグローバルでのシェアは2%にも及びません。

トラックの運用には架装メーカーも不可欠

　トラックメーカーは本体であるシャーシやキャブを製造します。逆にいえば、一部の例外を除いて架装は作らないため、トラックの運用にあたっては架装メーカーに架装を製造・搭載してもらう必要があります。

　国内の架装メーカーはトラックメーカー系と独立系の2種類に大別されます。参入障壁が低いこともあり、独立系メーカーは数多く存在します。とはいえ、タンクローリー、ゴミ収集車、キャリアカー、ミキサー車といった特殊な車両の架装を製造・搭載できるメーカーは一部に限られます。

トラック製造の主体と日本の主なメーカー

トラック製造の主体

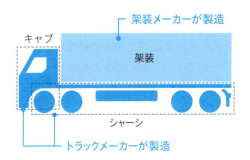

日本の主なトラックメーカー

社名	トラックメーカーとしての事業概要
いすゞ自動車	国内トップ／2021年に同業のUDトラックス（旧日産ディーゼル工業）を買収
日野自動車	国内トップ／トヨタ自動車の子会社／同業の三菱ふそうトラック・バスとの経営統合を予定

日本の主な架装メーカー

社名	架装メーカーとしての事業概要
トランテックス	日野自動車の子会社／バンボディ、ウイングボディ、平ボディ、冷蔵・冷凍車などの架装を製造
パブコ	三菱ふそうトラック・バスの子会社／バンボディ、ウイングボディ、平ボディなどの架装を製造
極東開発工業	独立系メーカー／ダンプやタンクローリーなどの特殊な架装にも対応／同業の日本トレクスを買収
新明和工業	独立系メーカー／ダンプやゴミ収集車などの特殊な架装にも対応／富士重工業などの架装事業を譲受

56 その他輸送機械メーカー

▶ 業界再編により造船会社の寡占化が進展

高度経済成長期、日本の造船業は世界シェアの半数近くを占めましたが、中国と韓国が急成長を遂げたこともあり、現在では世界第3位です。国内では国際競争の激化を背景とした業界再編が進んでおり、M&Aによる事業規模の拡大に成功した今治造船やジャパンマリンユナイテッドが上位を占めています。他方、大島造船所や常石造船のように、得意とする船舶での競争力を高めることによって勝ち残りを図ろうとする造船会社もあります。

▶ 貨車や機関車を製造する鉄道車両メーカーは少数

かつて日本には数多くの鉄道車両メーカーが存在しました。その多くは車両製造を終了しており、貨車やそれを牽引する機関車を現在でも製造・納入している事業者となると、川崎車両、日本車輌製造、東芝インフラシステムズなどのごく一部に限られます。

▶ 航空機メーカーはエアバスとボーイングの2社寡占

民間用ジェット機の製造はエアバスとボーイングの2社に寡占されています。旅客機と貨物機は総じて同じ機材であり、現在の航空輸送はベリーとフレイターの双方とも両社に支えられているといえます。

船舶・鉄道・航空機の主なメーカー

日本の主な造船会社

社名	造船会社としての事業概要
今治造船	国内最大手／世界でも屈指の造船竣工量／瀬戸内海に複数の造船所を展開／多様な船舶を製造
ジャパンマリンユナイテッド	国内での造船竣工量第2位／全国に複数の造船所を展開／多様な船舶を製造／今治造船と資本業務提携
大島造船所	国内大手／長崎にある造船所を運営／ばら積み船の製造に特化／2022年に三菱重工業の造船所を譲受
常石造船	国内大手／広島、フィリピン、中国に造船所を展開／ばら積み船を中心としつつもコンテナ船やタンカーも製造
川崎重工業	国内大手／国内外に複数の造船所を展開／多様な船舶を製造／世界初となる液化水素運搬船を竣工

日本の主な鉄道車両メーカー

社名	鉄道車両メーカーとしての事業概要
川崎車両	川崎重工業の子会社／貨車や機関車を含めた多様な鉄道車両を製造
日本車輌製造	JR東海(東海旅客鉄道)の子会社／貨車や機関車を含めた多様な鉄道車両を製造
東芝インフラシステムズ	東芝の子会社／機関車を製造

主な航空機メーカー

社名	航空機メーカーとしての事業概要
エアバス	世界トップの民間ジェット機メーカー／欧州を中心に世界各国に展開
ボーイング	世界第2位の民間ジェット機メーカー／米国を中心に世界各国に展開

57 マテハン機器メーカー

▶ 世界最大のマテハン機器メーカーは日本企業

　日本を代表するマテハン機器メーカーといえばダイフクでしょう。自動倉庫を中心とした設備製造では世界最大手であり、コンベア、ソーター、搬送システム、デジタルピッキングシステムなども手がけています。

　世界最大のフォークリフトメーカーである豊田自動織機は、コンベアやソーターを主力とするVanderlandeを買収するなど、事業領域を拡大してきました。一方で、中立的な立場から各社のマテハン機器を組み合わせ導入するシステムインテグレーターとしての顔も有しています。

▶ マテハン機器の進歩と競争の激化

　第1章の15に記したように、近年は先進的なマテハン機器の導入が広がっています。日立製作所、オムロン、川崎重工業といった大手機械メーカー、Rapyuta RoboticsやMujinなどのスタートアップは、機能性と経済性を兼ね備えた製品を展開することで市場でのプレゼンスを確立しました。レンゴーのように、段ボールメーカーがマテハン機器の開発・製造に進出するといった例もあります。Geek+やExotecに代表される外資系メーカーも事業を拡大しています。マテハン機器の市場はますます拡大すると予想されますが、企業間の競争は激化すると見るべきです。

日本の主なマテハン機器メーカー

自動倉庫を主力とするメーカー

社名	マテハン機器メーカーとしての事業概要
ダイフク	世界トップ／2004年にキトーの自動倉庫事業を買収／コンベア、ソーター、搬送システムなども展開
村田機械	国内第2位／2014年にロボット搬送システムを主力とするCimcorpを買収／コンベアやソーターなども展開

注:「世界トップ」「国内第2位」はフォークリフトを除いたマテハン機器市場での順位

フォークリフトを主力とするメーカー

社名	マテハン機器メーカーとしての事業概要
豊田自動織機（トヨタL&F）	世界トップ／トヨタ自動車のグループ会社／2017年にコンベアやソーターを主力とするVanderlandeを買収
三菱ロジスネクスト	国内第2位／三菱重工業の子会社／2017年にフォークリフトを主力とするユニキャリアと経営統合

注:「世界トップ」「国内第2位」はフォークリフト市場での順位

その他マテハン機器を主力とするメーカー

社名	マテハン機器メーカーとしての事業概要
日立製作所（日立グループ）	AGV、GTP、ソーターなどを開発・製造／2021年にデパレタイザを主力とするKyoto Roboticsを買収
オムロン	AGV、AMR、ピッキングロボットなどを開発・製造／2015年にロボットメーカーのAdept Technologyを買収
川崎重工業	デバンニングロボット、パレタイザ、自動配送ロボットなどを開発・製造
Rapyuta Robotics	ロボットの群制御技術を基盤に、AMR、AGF、自動倉庫などを開発・製造
Mujin	ロボットの知能化技術を基盤に、デパレタイザ、ピッキングロボット、AGVなどを開発・製造
レンゴー	最大手段ボールメーカーとしてのプレゼンスを基盤に、自動製函機や自動封函機などを開発・製造

58 ソフトウエアメーカー

種々の物流管理システムが乱立

　日本電気や日立製作所といった大手メーカーは、WMSやTMSなどの物流管理システムを中心に多様な機能を提供することで優位性を築いています。これに対して、ロジザードやシーネットなどの専業系は、特定システムの機能性を高めることで差別化を図る戦略です。他にも、物流会社の子会社であるセイノー情報サービスやインフォセンス、外資系のInforやManhattan Associatesなど、種々の事業者が存在します。第2章の25で述べたように、日本は標準化よりも対応力を重視する傾向が強く、スクラッチでの開発も含めて様々なシステムが乱立しています。

多様なシステム・サービスの存在と競争の激化

　WMSやTMS以外の各種システム・サービスについても同様です。トラックの配送ルートを最適化するシステム、荷物の積み下ろし場所であるバースをデジタルに予約できるサービスなど、多種の領域がある中で、前者の配送ルートの最適化であれば、オプティマインド、ライナロジクス、パスコなどの事業者が存在するように、1つの領域に複数の事業者が参入し、しのぎを削っています。マテハン機器と同じく、市場のなお一層の成長と競争の激化を想定すべき事業環境にあるといってよいでしょう。

日本の主な物流関連ソフトウエアメーカー

物流管理システムを提供する主な事業者

社名	物流関連ソフトウエアに関する事業概要
日本電気	WMSやTMSを中心に、ERP、積付計画システム、バース予約サービスなどを提供
日立製作所（日立グループ）	WMSとTMSの機能を有した統合物流管理システム、SCPなどを提供／WESやWCSの構築にも対応
ロジザード	クラウド型のWMSを提供／GTPやAMRなどのロボットとデータ連携可能な機能を搭載
セイノー情報サービス	セイノーホールディングスの子会社／WMSやTMSを中心に、在庫管理や生産管理のシステムなども提供

その他のシステム・サービスを提供する主な事業者

社名	物流関連ソフトウエアに関する事業概要
オプティマインド	トラックの配車計画や配送ルートを最適化するシステムを提供
Hacobu	バース予約を中心に、トラックの動態管理や配送案件管理などのサービスを提供
traevo	トラックの現在位置、作業状況、走行履歴などの動態情報をリアルタイムに把握するシステムを提供
X Mile	ドライバーの採用から労務管理、安全教育、監査対応などをデジタル化するサービスを提供
RFルーカス	RFIDを利用してモノの現在位置を瞬時に把握するシステムを提供
ゼロボード	サプライチェーン全体でのGHG排出量を算定・可視化するツールを提供
Spectee	サプライチェーンに影響を与える危機的事象の発生を即時に通知・分析するサービスを提供

59 システムインテグレーター

▶ 物流現場を機械化・デジタル化する担い手

　人が直接操作するフォークリフトはさておき、大多数のマテハン機器は「購入したらすぐに使える」わけではありません。あらかじめレイアウトを設計したり、設置・配線工事を必要としたりするだけではなく、WMSをはじめとする各種システムとの連携や機器間の連動なども求められます。こういった導入に際しての一連の作業を請け負うシステムインテグレーターは、物流現場を機械化・デジタル化する担い手といっても過言ではないでしょう。

▶ 先進的な機器・システムを取り扱えることが重要

　ダイフクや村田機械といった大手のマテハン機器メーカーは、システムインテグレーターとしての機能も兼ね備えており、豊富な実績を有します。対して、豊田自動織機や新エフエイコムのように、特定のマテハン機器導入を前提とせず、客観的な立場から導入先に最適な機器・システムを選定・提案することを特長とする中立系システムインテグレーターも存在します。

　57や58にあるように、マテハン機器・システムの市場はさらなる成長が予想されます。システムインテグレーターとしては、より先進的な機器・システムを取り扱えるようになることで事業機会拡大の好機とすべきです。

システムインテグレーターの役割と主な事業者

システムインテグレーターの基本的な役割

企画
- マテハン機器・システムの導入目的や現状の課題認識などを踏まえた基本方針の策定
- 要件定義とそれを踏まえた最適な機器・システムの選定

設計
- WMS・WES・WCSによるマテハン機器の適切な管理・制御を可能とするシステムの設計
- 入荷から出荷までの業務を最適化するレイアウトの設計

実装
- マテハン機器の調達・設置(プログラミング、搬入、設置・配線工事などを含む)
- WMS・WES・WCSなどのシステムとの連携・構築

稼働
- 実運用に向けた試運転と調整
- マテハン機器・システムの操作手順や異常発生時の復旧方法などに関する教育・訓練

保守
- 定期的な点検や運用状況に応じたチューニング
- 異常発生の原因究明と問題解決

日本の主なシステムインテグレーター

社名	マテハン機器・システムの導入に関する事業概要
豊田自動織機(トヨタL&F)	大型の装置からロボットに至るまで豊富な導入実績／一部の先進的な機器は自社にて開発・製造
新エフエイコム	AGVやAGFなどの先進的な機器に関して豊富な導入実績／WMSやWCSを独自に開発・提供
三菱ケミカルエンジニアリング	三菱ケミカルの子会社／マテハン機器・システムの導入だけではないトータルエンジニアリングを提案
ナ・デックス	マテハン機器の導入からWMSなどの上位システムとの連携に至るまでを一括で支援

60 リース・レンタル事業者

▶ 大方の物流機械・資材はリース・レンタルの対象

　物流で使われる大半の動産はリースやレンタルの対象になります。トラックやフォークリフトだけではなく、船舶や航空機、パレットや海上コンテナなどの資材も該当します。これらの機械や資材を使用する物流会社からすれば、リース・レンタル事業者は費用の平準化や資金調達の多様化などを図る上で欠かせない存在といってよいでしょう。

▶ 先進機器導入のハードルを下げるレンタルプラン

　AGVやAMRなどの先進的なマテハン機器は新規の導入となることが多く、投資の適否を判断することが難しくなります。プラスオートメーションやGaussyなどの事業者は初期費用を不要にしたり、トライアルでの利用を可能にしたりするなど、機器導入のハードルを下げるプランを提供することで事業機会を拡大しています。

▶ まとめて回収することでのパレット運用の効率化

　パレットをはじめとする物流資材を納品先までの輸送で使用すると、それを回収する必要が生じます。日本パレットレンタルやユーピーアールなどの事業者は着荷主の拠点にあるパレットをまとめて回収し、近隣の発荷主に貸し出すことでパレットの運用効率向上を実現しています。

日本の主なレンタル事業者と貸出・回収方法

物流ロボットの主なレンタル事業者

社名	物流ロボットのレンタルに関する事業概要
プラスオートメーション	三井物産などの出資により設立／AGVやAMRなどのロボットをサブスクで提供
Gaussy	三菱商事などの出資により設立／ソーターやAGVなどの機器をサブスクで提供／物流施設マッチングも展開
オリックス・レンテック	オリックスの子会社／AGVやAMRなどのロボットをレンタルで提供

パレットの主なレンタル事業者

社名	パレットのレンタルに関する事業概要
日本パレットレンタル	国内最大手／オリコンや台車などもレンタルで提供／資材管理システムや伝票の電子化サービスなども展開
ユーピーアール	国内第2位／ラックや台車などもレンタルで提供／RFIDを利用した資材管理システムなども展開
三甲パレットレンタル	国内第3位／国内最大手のプラスチック物流資材メーカーである三甲の子会社／オリコンなどもレンタルで提供

レンタルパレットの貸出・回収方法

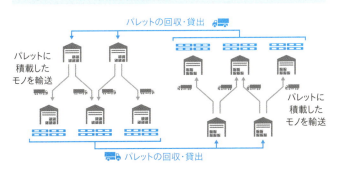

61 デベロッパー

▶ 物流リートの解禁を契機に急増

　デベロッパーは物流施設を開発し、利用者である荷主や物流会社から賃料を得る事業を展開しています。第1章の13にあるように、2000年以降は物流リートへの売却も可能となりました。その結果、より多くの資金が集まるようになり、デベロッパーによる開発が急増したわけです。

　現在では、物流施設の開発を専門とするデベロッパーだけではなく、ゼネコン、不動産会社、商社など、大小様々な事業者が参入しており、その多くはマルチテナント型とBTS型の双方に対応しています。地域的には三大都市圏での開発が多く、全体の9割以上を占めます。

▶ 物流施設としての価値を戦略的に高めることが重要

　物流施設の新規供給は旺盛な需要を背景に増加し続けてきましたが、2020年以降は徐々に空室率が高まっています。一部のデベロッパーは冷蔵・冷凍機能を備えたり、先進的なマテハン機器を貸し出したり、バース予約やマッチングサービスを提供したりするなど、訴求力を高めるための手立てを講じています。スタートアップへの出資を通じて差別的優位性を中長期的に高めようとする動きもあります。市場の成熟化は避けられない以上、誰にどのような価値をどう提供するのかを戦略として描くことが望まれます。

デベロッパーのビジネスモデルと主な事業者

物流施設開発の収益構造

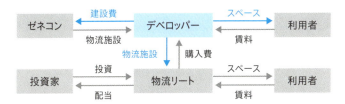

物流施設の所有と利用による類型

	デベロッパーによる開発		荷主・物流会社による開発
	マルチテナント型	BTS型	
所有者	デベロッパー・物流リート		荷主・物流会社
利用者	荷主・物流会社		
利用社数	複数社	1社	

日本で事業活動を展開する主な物流施設デベロッパー

社名	企業属性と施設開発以外での事業展開
日本GLP	専業系／子会社のモノフルはバース予約やトラックマッチングなどのサービスを提供
プロロジス	専業系／物流施設マッチングやマテハン機器のサブスクなどを展開するGaussyと資本業務提携
大和ハウス工業	ゼネコン系／フルフィルメント事業者のアッカ・インターナショナルなどを買収
三井不動産	不動産会社系／物流関連システム・サービスを提供するHacobuやRFルーカスなどに出資
三菱地所	不動産会社系／トラックの自動運転システムを開発するT2と資本業務提携

62 物流を支える事業の質的変化

メーカーやデベロッパーの物流会社化

　物流機械・システムの高度化はメーカーと物流会社の間の壁を崩すことになるでしょう。例えば、自動運転トラックが実用化したとき、メーカーはトラックをレンタルで提供し、整備不良による事故を防ごうと考えるはずです。そして、その先の未来には、自動運転トラックによる輸配送サービスの提供が待っているかもしれません。

　デベロッパーは物流施設だけではなく、マテハン機器も貸し出すようになりました。今は賃料とレンタル料を得るだけですが、人を必要としない最先端のマテハン機器を配備し、保管や荷役をサービスとして請け負うようになれば、倉庫会社とほとんど変わらぬ存在となります。

作るだけでも使うだけでもないビジネスモデルの創造

　同じことは物流会社にも当てはまります。海運会社が自社の船舶に自動運航機能を搭載し、それを他社に販売したり、倉庫会社が先進的なマテハン機器の普及を見据えてＷＥＳやＷＣＳを開発・提供することも考えられます。

　つまるところ、機械・システムを作るだけでも、使うだけでもない新たなビジネスモデルの創造が問われるようになるわけです。この変化を飛躍の好機と捉え、未来を見据えた戦略を実行することが期待されます。

物流を支える事業者と物流会社の進化

メーカーやデベロッパーによる物流機能の提供（例）

	トラックメーカー	デベロッパー
現状	トラックの製造・販売	物流施設の開発・提供
進化の方向性（例）	自動運転トラックのレンタル	物流施設と機器・システムの提供
	自動運転トラックによる輸配送機能の提供	物流施設での保管・荷役機能の提供

物流会社による機器・システムの提供（例）

	海運会社	倉庫会社
現状	船舶を購入・活用	WESやWCSを導入・活用
進化の方向性（例）	自動運航機能を開発・搭載	WESやWCSを自社開発・活用
	自動運航船を他社に提供	自社のWESやWCSを他社に提供

物流政策

　日本の物流政策を司る官庁というと、国土交通省をイメージする人が多いのではないでしょうか。実際、同省は運送会社をはじめとする各種の物流会社を監督するだけではなく、道路や港湾などのインフラを整備する役割も担っています。

　対して、荷主企業はというと、自動車や家電、化学製品などの生産・流通は経済産業省ですが、食品・飲料は農林水産省といった具合に、業種・業界によって所管が異なります。CO_2排出量の削減は環境省、労働環境の改善であれば厚生労働省というように、政策の目的によっても変わります。物流政策を難しくする一因は、この関係する省庁の多さにあります。

　日本政府は、関係省庁間の連携、中長期的な視点に立った物流政策の総合的な推進を実現すべく、1997年からおおよそ4年ごとに総合物流施策大綱を策定しています。各省庁がこの大綱に基づいた施策を実行することで、物流政策全体の統一性を確保しているわけです。物流政策の沿革や展望を知ろうとする際には、最初に総合物流施策大綱を確認すべきでしょう。

第 6 章

物流の最適化

63 物流の最適化とは？①
適切な品質水準

▶ 品質をむやみに高めればよいわけではない

　物流とは、「輸配送」「保管」「荷役」「流通加工」「包装」「情報」の6つの機能を用いて「必要とするモノを、必要なときに、必要な場所に、必要な量だけ、適切な状態で届ける活動」です。この物流をビジネスとして考えたとき、深慮すべきは経済合理的に「適切な品質水準」です。

　品質が低ければ、紛失、汚破損、誤配送、遅延などの問題に対処するための「失敗コスト」がかさみます。一方で、品質を高めるためには相応の「品質管理コスト」を要します。それゆえ、経済合理的には、品質をむやみに高めるのではなく、「失敗コスト」と「品質管理コスト」の和が最も小さくなる「適切な品質水準」を追求すべきです。

▶ 適切な品質水準を的確に見極めることが重要

　この「適切な品質水準」は事業環境によって異なります。例えば、劇物を紛失すること、美術品を汚破損することの「失敗コスト」は極めて高いです。日本は品質への要求水準が高いため、誤配送や遅延による「失敗コスト」も相対的に大きくなります。他方、RFIDタグが付けられた商品であれば、数量の確認に要する「品質管理コスト」を抑えられます。収益を最大化するためには、この目指すべき「適切な品質水準」を的確に見極めることが肝要です。

「適切な品質水準」の考え方

品質管理コストと失敗コストの関係

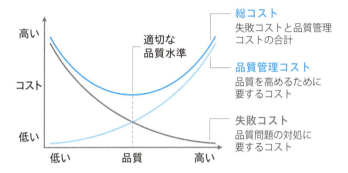

品質管理コスト（例）

予防（品質の向上）

- 運行計画に余裕を持たせることでの遅延の防止
- WMSを導入することでの在庫差異の低減
- 堅牢な包装資材を使用することでの汚破損の削減 など

検査（品質の確認）

- トラックにドライバーモニタリングシステムを搭載することでの事故の低減
- ハンディターミナルを利用した検品システムを導入することでの誤出荷の防止 など

失敗コスト（例）

内部（納品前に発生）

- 不良在庫の処分
- 在庫差異の発生による帳簿の修正
- 汚破損した包装資材の取り換えと再包装 など

外部（納品後に発生）

- 誤配送したモノの回収や再配送
- モノの紛失や汚破損による損害の補償
- 顧客からの信頼を失うことでの取引の停止 など

64 物流の最適化とは？②
生産性の最大化

▶ 物流全体を対象に生産性の最大化を図るべき

物流をビジネスとして捉えたとき、もう1つ重視すべきは生産性です。「適切な品質水準」を満たした上で、「生産性の最大化」を実現すれば、収益を増やせるからです。

生産性を高める領域は、荷主企業にとってイメージしやすい販売物流だけではありません。調達物流、社内物流、回収物流も対象です。調達と納品で1台のトラックを共用したり、入荷と出荷の時間帯をずらして荷役作業を平準化したりするなど、「生産性の最大化」に向けて業務の枠を越えた施策も検討・実行することが望まれます。

▶ 収益の拡大に資するかどうかを基準に適否を判断

生産性を高めるにあたって原則とすべきは、その施策の「正の効果」だけではなく、「負の効果」も考慮して適否を判断することです。例えば、出荷頻度を落とすことでトラックの積載率を向上し、輸送費を抑えられるとして、在庫の増加や販売先の減少などによる収益減がそれを上回るとすれば、実行すべきではないでしょう。反対に、前者の輸送費低減による収益増が後者の収益減よりも大きいとすれば、実行に値する施策といえます。最終的に実現すべきは収益の拡大であり、生産性の向上はその手段と考えることが大切です。

「生産性の最大化」の考え方

「生産性の最大化」の対象とする物流

調達先　　　　　　　自社　　　　　　　納品先

Ⓐ 調達物流	調達費に含まれる自社拠点までの輸配送、調達先からの引取物流、自社拠点での入荷作業 など
Ⓑ 社内物流	自社拠点内での構内物流、拠点間の輸配送、在庫の管理や棚卸 など
Ⓒ 販売物流	自社拠点での出荷作業、納品先までの輸配送、納品先からの問い合わせへの対応や決済処理 など
Ⓓ 回収物流	納品先から自社拠点までの輸配送、自社拠点での返品対応、納品先への返金処理 など

物流の生産性を高める施策の正と負の効果（例）

正の効果	負の効果
出荷頻度を落とすことでのトラックの積載率向上	・1回あたりの出荷量が増えることでの在庫の増加 ・納品頻度が減少することでの取引先の減少 など
パレットを使用することでの荷役作業の効率化	・パレットの購入やレンタルに要する費用の発生 ・トラック1台あたりの積載量が減ることでの輸送費の増加 など
航空輸送を海上輸送に変えることでの輸送費の削減	・納品までのリードタイムが長くなることでの在庫の増加 ・遅延や汚破損のリスクが高まることでの補償の増加 など

65 物流の最適化に向けたアプローチ

見える化・変革・仕組み化の3つのステップで最適化

物流の最適化に向けて最初に取り組むべきは「見える化」です。利益や業務の構造、課題とその真因、品質や生産性などの現状をつまびらかにします。人間に例えるなら、健康診断を受けるようなものです。

「見える化」の次に進めるべきは「変革」です。物流機能・事業の目指す姿を具体化した上で、最適化を実現するための施策を検討・実行します。健康診断の結果を踏まえ、目標とする体重や血圧、理想の体型などを決めて、ダイエットをしたり、薬を飲んだりすることと同じです。

最後に「仕組み化」を行います。PDCAサイクルを構築し、最適化に向けた取り組みが自律的に検討・実行されるようにします。ダイエット後、リバウンドを防ぐため、生活習慣を整えることと似ています。

企業と物流会社で異なる変革の視点

物流戦略を策定するにあたっての視点は荷主企業と物流会社で異なります。荷主企業にとって物流は機能であるのに対して、物流会社における物流は事業だからです。逆にいうと、それ以外の最適化の進め方、品質水準や生産性の考え方は共通であり、荷主企業と物流会社で大きな差はありません。

物流の最適化に向けた3つのステップ

ステップ1
見える化

現状をつまびらかにする

- 収益や業務の構造を見える化する
- 課題の真因を見える化する

ステップ2
変革

物流戦略を策定・実行する

- 物流の目指す姿を具体化する
- 最適化を実現するための施策を実行する

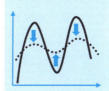

ステップ3
仕組み化

自律的に最適化する仕組みを構築する

- PDCAサイクルが回るようにする
- 最適化に向けて推進力が働くようにする

荷主企業

- 物流は1つの機能
- 物流機能を強化するために物流戦略を策定

経営理念 / ビジョン / 全社戦略
開発機能　生産機能　物流機能　販売機能　…

物流会社

- 物流は中核事業
- 物流事業の収益を拡大するために物流戦略を策定

経営理念 / ビジョン / 全社戦略
物流事業　…

66 見える化①
収益の見える化

▶ 利益を見える化することで現実を把握

　物流を最適化することの目的が収益の拡大にある以上、第一に見える化すべきは「利益」です。特に重要なことは、「事業」「地域」「拠点」といった単位ごとに、物流費などを差し引いた営業利益額や営業利益率を把握することです。

　実のところ、荷主企業にしても、物流会社にしても、これをできていない企業が少なくありません。見える化した結果として、「儲けの源泉と思っていた大口顧客が低収益だった」「運賃まで含めて考えると赤字で受注していた」などといった事実が明らかになることもよくあります。

▶ 物流費の割合を比較することで課題を客観的に検証

「事業」「地域」「拠点」といった単位ごとに、「売上高に占める物流費の割合」を把握することも大事です。「過去と比べて物流費の割合が格段に上昇している」「納品先の地域や拠点によって顕著な差がある」といった状況にあるようなら、物流の品質や生産性に何らかの問題を抱えている可能性が高いでしょう。

　同業他社や業界水準と比較することも重要です。物流を最適化できているかどうかを客観的・定量的に判断できます。物流会社の場合には、主力事業や顧客業界などが共通する競合他社との比較が有効です。

収益比較の考え方と業界水準

比較の単位と対象（例）

比較の単位		比較の対象
事業 / 地域	×	過去（前月、前年など）
拠点 / モノの種類		他区分（他事業、他地域など）
顧客 / 案件		同業他社・業界水準

比較を通じて課題のある領域を特定

国内売上高に占める物流費の割合（2022年度）

区分	割合
製造業	5.2%
輸送用機器	5.1%
一般機器	3.8%
電気機器	2.5%
精密機器	3.2%
食品（常温）	7.6%
食品（冷蔵・冷凍）	6.9%
医薬品	2.0%
卸売業	4.1%
アパレル卸	3.9%
食品卸	5.7%
小売業	5.3%
全業種	5.0%

出所：日本ロジスティクスシステム協会『2023年度物流コスト調査報告書』（2024年3月）をもとに筆者作成

67 見える化②
業務の見える化

▶ 品質・生産性・単価は収益の高低を左右する因子

　収益の次に見える化すべきは、物流の品質と生産性、それに加えて単価です。いずれも収益の高低を左右する重要な因子だからです。

　品質、生産性、単価の見える化にあたっては、66と同様、「事業」「地域」「拠点」といった単位ごとに、誤配送率、積載率、トラック輸送の運賃などを把握します。その上で、「過去」「他区分」「同業他社・業界水準」との比較を通じて課題のある領域を特定します。

▶ 品質・生産性・単価のそれぞれごとに課題を検証

　物流を最適化するにあたり、品質は高ければ高いほどよいわけではなく、63にあるように、適切な水準を見極めることが重要です。その水準と現状に大きなギャップがあるのなら、課題のある領域といってよいでしょう。

　対して、生産性は高くあるべきです。「低下傾向にある」「拠点間で差がある」「業界水準より劣っている」といった状況にあるのなら、生産性向上の余地があるはずです。

　単価は安ければ安いほどよいわけですが、増加傾向にあるからといって問題があるとは限りません。相場どおりであるのなら、妥当な水準かもしれないからです。それゆえ、市場価格との比較で課題の有無を判断すべきです。

品質・生産性・単価の比較

品質の比較(例)

指標	計算方法
誤配送率	誤配送発生件数 ÷ 出荷指示数
汚破損率	汚破損発生件数 ÷ 出荷指示数
遅延・時間指定違反率	遅延・時間指定違反発生件数 ÷ 出荷指示数
在庫差異率	(実在庫数-帳簿在庫数) ÷ 帳簿在庫数
クレーム発生率	クレーム発生件数 ÷ 出荷指示数

生産性の比較(例)

指標	計算方法
積載率	積載数量 ÷ 積載可能数量
実車率	実車キロ ÷ 走行キロ
実働率	実働日数 ÷ 営業日数
人時生産性	入出荷数 ÷ 投入人時
保管効率	保管されているモノの容積 ÷ 保管場所の容積

単価の比較(例)

費目	変数
トラック輸送の運賃	台数 × 距離(車建て)、台数 × 時間(車建て)、モノの重量 × 距離(個建て) など
海上コンテナ輸送の運賃	コンテナ数 × 距離(FCL)、モノの重量・容積 × 距離(LCL) など
作業員の人件費	人数 × 時間、人数 × 日数 など
物流施設の賃料	面積 × 期間、個数 × 期間、パレット数 × 期間、重量 × 期間、容積 × 期間 など

68 見える化③
真因の見える化

▶ 課題の因果関係を解き明かすことで真因を究明

最後に見える化すべきは課題の構造です。品質、生産性、単価のいずれかに収益性低下の原因があったとして、なぜそのような状況に至ったのでしょうか。

例えば、積載率の低さに問題があるとして、「生産が減少しているのにジャスト・イン・タイム優先で出荷頻度を落とせない」「出荷までのリードタイムが短くトラックを余分に確保しておく必要がある」「納品時間の指定が重複しており1台のトラックで複数箇所を回れない」といった真因の存在が考えられます。どのような理由でその問題が生じているのか、因果関係を解き明かすことが大切です。

▶ サプライチェーン全体の課題の構造を見える化

品質、生産性、単価の悪化要因が物流にあるとは限りません。開発、調達、生産、販売といった物流以外の部門、あるいは、調達先、納品先、委託先といった外部の企業に真因があることも考えられます。

咳をしたからといって風邪薬を飲んでも、肺がんだったとすれば何の効果もありません。表層的な課題に飛びつくのではなく、その真因を究明し、サプライチェーン全体の課題の構造を見える化しなければ、効果的な変革とその先にある収益の持続的な拡大を成し得ることは不可能です。

課題と真因の構造

真因の究明に向けたアプローチ

収益の見える化
- 利益率や売上高に占める物流費の割合を見える化
- 収益性に課題のある領域を特定

業務の見える化
- 品質、生産性、単価を見える化
- 収益性を低下させる原因を特定

真因の見える化
- 課題の構造を見える化
- 品質、生産性、単価を悪化させる真因を特定

表層的な課題とその真因（例）

	表層的な課題	課題の真因
内部に起因	他地域や他拠点と比べて積載率が低い	受注の減少に応じて出荷頻度を変えられていない
	トラック輸送や海上輸送の運賃が相場よりも高い	委託先や輸送条件を定期的に見直せていない
	大量調達により在庫の保管費が増加している	発注時に保管費の増加を考慮できていない
	拠点によって在庫差異率や人時生産性が大きく異なる	業務の標準化やシステム化を進められていない
外部に起因	調達品の荷下ろしに多くの工数を要する	調達先がパレットを使わない
	トラック1台あたりの配送先数が少ない	納品先で長時間待たされる
	誤配送率が高止まりしている納品先がある	納品先や委託先の都合によりFAXで受発注を行っている
	返品の受入や返金処理の工数が増している	販売先店舗での取扱に問題があり、返品が多発している

69 変革①
物流戦略の策定

▶ 最初に考えるべきは物流としての目指す姿

「変革」を進めるにあたって、最初に考えるべきは物流としての目指す姿です。「見える化」で明らかになった課題を解決するだけでは単なる改善に過ぎません。目指す姿を起点に、その実現に向けた戦略を描くことが枢要です。

▶ 提供機能・価値を具体的に示すことが重要

65で述べたように、荷主企業にとって物流は全社戦略を支える機能の1つです。さればこそ、物流としての目指す姿は「全社の収益拡大に向けて、どの事業に対して、どのような機能を、どう提供するか」を定めることにあります。「出荷から販売までのリードタイムを短縮し、生鮮食品の鮮度を高めることで売上拡大に寄与する」など、機能強化の方向性を具体的に指し示すことが望まれます。

一方、物流会社にとって物流は中核事業であるがゆえに、「物流事業の拡大に向けて、誰に対して、どのような価値を、どう提供するか」を描くことが大事です。「家電業界を対象にメーカーと量販店の在庫を集約することで輸送回数を減らす」など、価値提供のあり方を明示すべきでしょう。

提供機能・価値を1つに絞る必要はありませんが、あれもこれもでは経営効率が低下します。複数を組み合わせつつ、自社ならではの目指す姿を具現化することが重要です。

物流戦略の考え方

物流としての目指す姿とその実現に向けた戦略

荷主企業にとっての物流戦略

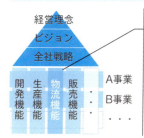

「全社の収益拡大に向けて、どの事業に対して、どのような機能を、どう提供するか」を具体化

- 販売までのリードタイムを短縮することで生鮮食品の鮮度を向上
- 各地に保管拠点を配置することで医薬品供給の途絶リスクを最小化
- 外部化・共同化の推進により全社のコスト競争力を強化 など

物流会社にとっての物流戦略

「物流事業の拡大に向けて、誰に対して、どのような価値を、どう提供するか」を具体化

- 家電メーカーと量販店の在庫を集約することで輸送回数を低減
- FCを従量課金で提供することによりEC事業者のコストを変動費化
- 世界各国に現地拠点を置くことで輸出事業者の販路拡大を支援 など

70 変革②
戦略・現状に即した変革

▶ 目指す姿をもとに優先・重視すべき事項を判断

変革の方向性は物流戦略に規定されます。例えば、物流を競争力の源泉とする企業は、内部化によりノウハウを蓄積すべきです。対して、物流は調達・納品の手段と捉えるのならば、コストの最小化が優先事項となります。同様に、商品の新しさや納品までの時間の短さを強みとするのなら航空輸送が適していますし、そうではないのなら低コストな海上輸送を選ぶべきかもしれません。目指す姿に照らしてどのような変革を進めるべきなのか、何を優先・重視すべきなのかを見定めることが大切です。

▶ 自社の物流の特性に即した方向性を導出

物流の現状によっても変革の方向性は変わります。例として、売上高に占める物流費の割合が10%を超えるような荷主企業であれば、物流費の抑制が重要な経営課題となります。反対に、3%にも満たなければ、品質への意識が相対的に強くなるはずです。ロットや変動の大きさなども含めて自社の物流の特性を正しく理解し、適切な方向性を探求すべきです。

物流会社からすれば、荷主企業の戦略・現状を的確に把握することが重要です。その上で、変革の方向性を能動的に提案し、物流の最適化に貢献することが期待されます。

「戦略・現状に即した変革」の方向性

物流戦略に即した変革（例）

物流の役割・価値	輸送戦略	在庫戦略
物流は競争力の源泉 →内部化によりノウハウを蓄積	リードタイムの短縮により優位性を確立 →航空輸送により最新の商品を提供	供給を途絶させないことで差別化 →災害発生時にも供給可能な在庫を保持
物流は調達・納品の手段 →外部化によりコストを低減	輸送費の抑制によりコスト競争力を強化 →海上輸送により最安の商品を提供	廃棄処分を減らすことで環境負荷を軽減 →一定の欠品発生を許容した在庫を保持

▼ 目指す姿をもとに変革の方向性を具体化

物流の現状に即した変革（例）

物流費の大きさ	ロットの大きさ	変動の大きさ
売上高に占める物流費の割合は10％以上 →物流費の抑制を優先	多頻度小ロットでの出荷が基本 →個建てやLCLで輸送	出荷量は季節や天候などにより大きく変動 →施設・資材をレンタルすることで変動費化
売上高に占める物流費の割合は3％未満 →現状の物流費を維持しつつ品質を高度化	大ロットでの出荷が可能 →車建てやFCLで輸送	出荷量は年間を通じて安定的 →施設・資材を所有することで費用を抑制

▼ 自社の物流の特性をもとに変革の方向性を具体化

71 変革③
現場での変革

▶ 費用対効果で施策の適否を判断

現場での変革は、「見える化」で浮き彫りにした課題の構造を念頭に、品質の見直し、生産性の向上、単価の抑制を図ることが基本となります。その施策を実行するために手間や投資を要するとしても、それを上回る効果を得られるのであれば実行すべきです。

▶ 1人あたりの業務量と稼働率を最大化

輸配送では、1人あたりの輸配送量を最大化することがポイントになります。トラック輸送であれば、積載率の向上やトラックの大型化により1回あたりの輸送量を増やすこと、配送ルートの効率化や高速道路の使用により輸送時間を短くすること、荷待ち時間の削減や荷役の効率化により運転時間を増やすことなどが考えられます。海上輸送でも積載率の向上や最適な航路選定が重要であるように、他の輸送手段にも当てはまる切り口です。

物流施設でも、1人あたりの作業量を最大化することが重要です。パレットの活用、マテハン機器の導入などによる省人化は最も一般的な施策といってよいでしょう。

施設・機器の稼働率を高めることも大切です。ラックを使うことで施設内の空間を最大限活用したり、WMSを利用して在庫を最小化したりすることも一考です。

「現場での変革」の方向性

輸配送での変革（例）

積載率の向上
- 出荷頻度を減らすことで1回あたりの輸送量を増やす
- 受注・出荷の最小ロットを引き上げる など

配送ルートの効率化
- システムを使って配車計画や配送ルートを最適化する
- 時間指定をなくすことで最短経路を実現する など

荷待ちの削減
- バース予約サービスを使うことで混雑を防止する
- バースの増設により処理能力を高める など

1人あたりの輸配送量を最大化する

物流施設での変革（例）

保管効率の向上
- ラックを使うことで施設内の空間を最大限活用する
- WMSで在庫をリアルタイムに把握する など

荷役作業の省人化
- パレットを使うことで手作業での積み下ろしをなくす
- AGVやGTPの活用により搬送作業を自動化する など

流通加工や包装の効率化
- 作業員のマルチスキル化により業務負荷を平準化する
- 自動封函機の導入により緩衝材の使用を減らす など

1人あたりの作業量や施設・機器の稼働率を最大化する

72 変革④
垂直連携での変革

▶ サプライチェーン全体の最適化に資する施策を実行

物流を最適化するにあたっては、開発、調達、生産、販売といった物流以外の部門との連携を図ることが重要です。68で述べたように、品質、生産性、単価の悪化要因が物流以外の部門にあることも少なくないからです。

商品を開発するときに保管効率や積載率を考慮できているでしょうか。調達時に保管費が増加する可能性を確認していますか。物流への影響を考えられていなければ、最適化の余地があるかもしれません。物流以外での費用が増えたとして、物流費がそれ以上に減少するのなら実行すべきですし、その反対もまたしかりです。

調達先や納品先と連携することも大切です。調達物流や販売物流が効率化すれば、その分だけコスト競争力が高まります。調達量の増加や販売単価の低下に至ることも十分に期待できます。双方ともにメリットのある施策であれば、調達先や納品先の協力を得られるはずです。

▶ 垂直連携の推進は物流会社にとっての飛躍の機会

物流会社は荷主企業に対してこういった垂直連携での変革を積極的に提案すべきです。荷主のサプライチェーン全体を最適化する変革を推進できれば、物流会社としての価値を飛躍的に高めることになるでしょう。

「垂直連携での変革」の視点と方向性

	調達先	自社				納品先
	→	開発 調達 生産 販売			→ ←	

社内	開発	・商品を梱包する箱のサイズを統一することで保管効率や積載率を高めやすくする ・要冷蔵・冷凍であった商品を常温でも保管可能とすることで保管費や輸送費を低減する　など
	調達	・追加で倉庫を確保せずに済む範囲での調達量とすることで保管費を低減する ・複数の調達先を巡回して集荷するミルクラン方式に改めることで積載率を高める　など
	生産	・生産拠点を各地に分散させることで輸送距離を短くする ・生産・出荷計画の正確性を高めることで作業の遅延による荷待ちを解消する　など
	販売	・納品先の地域が集中するように営業活動を展開することで輸送効率を高める ・商品によって広告や特売のタイミングを変えることで出荷の変動を小さくする　など
社外	調達先	・調達先からＡＳＮ（事前出荷通知）を得ることにより入荷検品を不要とする ・調達先に代わって納品先別の仕分けや出荷・配送を行うことによりセンターフィーを得る　など
	納品先	・調達で使ったコンテナやパレットを納品でも利用することで輸送費や資材費を低減する ・納品頻度を減らしたり、受注ロットを引き上げたりすることで積載率を高める　など

73 変革⑤
水平連携での変革

▶ 物流を協調領域と捉えることでの水平連携の推進

　大方の荷主企業にとって物流は調達・納品の手段であり、競争領域ではありません。実際、第4章の49にもあるように、味の素をはじめとする食品メーカー5社は、各社の物流機能を統合したF-LINEを設立し、共同保管や共同配送を推進しています。花王とライオンのように、往復輸送での連携を実現した例もあります。物流を協調領域と捉えるならば、競合との連携も辞すべきではないはずです。

▶ 物流を競争力とする企業での共同化・収益化の推進

　物流を競争力の源泉とする企業においても水平連携は変革への有効な手段です。なぜなら、自社の物流機能を他社に提供することで、生産性の向上のみならず、収益の獲得にもつながるからです。大塚ホールディングスやニトリホールディングスは物流の共同化・収益化を実現した代表的な企業です。

　水平連携は物流会社の競争力を高めることにもなります。1つには、三菱倉庫のように、荷主業界での水平連携を支える共同物流サービスを提供することです。もう1つは、日本郵便とセイノーホールディングスのように、物流会社間で共同物流を実現することです。いずれも物流の最適化を牽引する取り組みといってよいでしょう。

「水平連携での変革」の視点と事例

水平での変革に向けた視点

ⓐ 共同保管
物流施設を共同利用することで保管や荷役を効率化

ⓑ 共同配送
トラックやコンテナなどを共同利用することで積載率を向上

ⓒ 往復輸送
往路と復路で相互にトラックやコンテナなどを利用することで実車率・稼働率を向上

水平での変革の事例

社名	取り組みの概要
味の素／ハウス食品グループ本社／カゴメ／日清製粉ウェルナ／日清オイリオグループ	各社の物流機能を統合したF-LINEを設立／北海道・九州を中心に共同保管や共同配送を推進
イオン／トライアルホールディングス	北海道・九州を対象に他小売事業者も含めた共同配送を推進
花王／ライオン	関東・四国間でトラックと船舶による往復輸送を実現
住友化学／東洋紡	関東・北陸間でトラックと鉄道による往復輸送を実現
大塚ホールディングス	物流子会社の大塚倉庫を中心に食品・飲料や医薬品の共同配送を展開
ニトリホールディングス	物流子会社のホームロジスティクスを中心に家具の共同配送を展開
三菱倉庫	子会社のDPネットワークを中心に医薬品の保冷共同輸配送サービスを提供
日本郵便／セイノーホールディングス	特積みを主対象とした幹線輸送の共同運行を推進

74 仕組み化①
PDCAサイクルの構築

最適化への歩みを止めない仕組みを構築

「変革」を成し遂げた上で取り組むべきは「仕組み化」です。65にあるように、次なる変革に向けた施策が自律的に検討・実行される仕組みを構築します。

PDCAサイクルはその基本となる考え方です。「Plan」「Do」「Check」「Action」の4つのステップを繰り返すことで、最適化への歩みを止めないようにします。

KPIによる定期的な管理は不可欠

物流のPDCAでは、KPIによる管理が欠かせません。「目指す姿に近づいているか」「地域間や拠点間で差はないか」「業界水準より優れているか」といったことを定量的に把握し、次なる施策に結びつけていくことが肝要だからです。67にある指標も参考に、KPIやその目標値を定めることが望まれます。

KPIは定期的に確認することが大事です。課題を迅速に把握できれば、改善策の検討・実行もその分だけ早くなります。現場レベルでは日次や週次、全社レベルでは月次でのモニタリングが基本となるでしょう。

KPIの把握に手間がかかるようであれば、各種の管理システムを導入することも一案です。システム投資の規模は仕組み化による効果との兼ね合いで判断すべきです。

PDCAサイクルとKPI管理のあり方

物流の最適化

- **P**lan 目指す姿とその実現に向けた施策の具体化
- **D**o 施策の実行
- **C**heck 施策の進捗度・達成度の評価
- **A**ction 改善策の考案

物流のPDCAではKPIによる定期的な管理が不可欠

品質／生産性／単価

- **現状の把握** どのような状況にあるのか
- **目標の設定** どのような状況を目指すのか
- **施策の具体化** どのような施策を実行するか
- **成果の評価** どの程度の効果を得られたか
- **担当の評価** 誰が何にどの程度貢献したのか

75 仕組み化❷
推進力の獲得・強化

▶ KPIを体系的に設定することの必要性

KPIは組織や業務の体系に合わせて設定します。職位や職種によって管理すべきKPIが異なるからです。

現場レベルのKPIと、全社での目指す姿がどのように紐付くのかを明らかにしておくことも重要です。現場ではすべてのKPIを達成したのに、全社の目標に到達しないといった齟齬を防ぐためです。自身の努力が全社での目標達成にどう貢献したのかが明確になれば、現場のモチベーションも高まります。

▶ インセンティブを導入することの有効性

最適化への推進力を高めるために、インセンティブを設定することも有効です。現場への導入であれば、金銭的な報酬ではなく、担当者や部署を表彰するだけでも相応の効果を望めます。

物流会社とインセンティブ契約を結ぶことも考えられます。日本では少ないものの、欧米では決してめずらしくありません。物流会社の自律的な努力によって物流の最適化が進むのだとすれば、報酬を払う価値があるはずです。

インセンティブ契約は物流会社にとっても有意義です。KPIを達成することで報酬を得られるだけではなく、契約期間の長期化を期待できるからです。

推進力を高める仕組み

人時生産性のKPI体系（例）

経営層のKPI	地域責任者のKPI	拠点責任者のKPI	業務責任者のKPI
全社	A地域	a拠点	検品
	B地域	b拠点	ピッキング
	C地域	c拠点	仕分け
	⋮	⋮	⋮

インセンティブスキームの概要

	経営層 ↔ 現場	荷主企業 ↔ 物流会社
α 目標の設定	KPIとその目標値を協議・合意	KPIとその目標値、達成時の報酬を協議・合意し、委託契約書に反映
β 担当の評価	成果の実現に貢献した担当者・部署に報酬を提供（表彰、特別手当、昇給、昇進など）	委託契約書の条件に応じて報酬を提供（報奨金、契約延長など）

76 マインドトランスフォーメーションの重要性

物流を協調領域とすることでの最適化

　日本企業は伝統的に独自主義が強く、自社ならではの管理にこだわる傾向があります。他社と物流機能を共用することで、取引先や販売量といった情報が漏洩し、競争力が低下することを危惧する企業も少なからず存在します。この保守的な思考が物流の最適化を阻害しているのです。

　業界標準に準拠し、垂直・水平連携を進めれば、物流の最適化によるコスト競争力の向上を見込めます。投資の抑制にもつながります。物流を協調領域と捉えることが収益拡大への道筋といっても過言ではないでしょう。

利益を重視する経営に転換することでの最適化

　物流会社には、荷主からの要望に対応するだけではなく、垂直・水平連携やインセンティブ契約といった現場の変革にとどまらない最適化のあり方を提案することが期待されます。その実現にあたっては、売上より利益を重視する経営へと転換を果たすことが重要です。例えば、水平連携によりトラックの台数を10台から8台にできたとしましょう。荷主から9台分の費用をもらえるとすれば、物流会社の売上は1割減りますが利益は増加します。対して、荷主の輸送費は1割減ります。こういったWIN-WINの提案により利益を増やせれば、企業価値も向上するはずです。

物流を最適化するために必要な変化

荷主企業に求められる変化

競争／独自	専用
自社ならではのやり方で管理する	情報の漏洩による競争力の低下を防ぐ

協調／標準	共用
他社との連携によりコスト競争力を高める	リソースを共用することで投資を最小化する

物流会社に求められる変化

対応力	売上
荷主からの要望に最大限対応する	より多くの業務を請け負うことで売上を最大化する

提案力	利益
荷主に最適な方法を提案する	物流効率を高めることで利益を最大化する

物流＝最後の暗黒大陸

　物流は「最後の暗黒大陸」と揶揄されることがあります。トラックやフォークリフトを見ることはあっても、どのような会社が存在し、どういった役割を果たしているのかといった業界の全体像を正しく理解している人が限られるからです。

　ブラックな現場が依然として存在することも否定できません。他業界と比べてトラックドライバーの労働時間は長く、賃金が少ないことは紛れもない事実です。

　最たる暗部は、物流の課題を誰も正確に把握できていないことです。荷待ち時間の長さや積載率の低さは日本の物流における課題とされていますが、その根拠となるデータはアンケートの結果に過ぎないのです。

　しかしながら、コロナ禍や2024年問題の発生は物流への注目を大いに高めました。物流法の改正はブラックな現場にメスを入れることにもなります。

　翻って、物流は暗黒大陸だからこそフロンティアでもあります。物流をデジタルに最適化する仕組みを構築できれば、GoogleやMicrosoftのようなプラットフォーマーになることも夢ではないでしょう。

第7章

物流の未来

77 物流の未来とは？

物流を取り巻く環境は革命的に変化

今、物流は大きく変わろうとしています。序章の5で解説したように、省人化や標準化が進むことで物流は人手に依存しない装置産業になるでしょう。フィジカルインターネットやサプライウェブといった物流・商流をネットワーク化する動きも広がりつつあります。

技術の進歩は、自動運転トラックやドローンといった次世代の輸送手段を現実のものとします。ロボットやRFIDの活用も広がります。航空券や宿泊施設のように、需給に応じて価格が変動するようになるかもしれません。

脱炭素化の推進は、物流でも不可避の経営課題です。異常気象による自然災害の多発や紛争の拡大は、リスクマネジメントの重要性をますます高めるはずです。

未来への適応は勝ち残るために必須の要件

物流会社や荷主企業は、こういった変化に敏感である必要があります。適切な対応を怠れば、競争力を失う可能性があるからです。逆にいえば、他社に先んじて次なる変化を見据えた一手を打つことで優位性を獲得できます。物流を取り巻く環境が革命的に変わりつつある現下であればこそ、未来への適応は厳しい競争を勝ち残るために必須の要件といってよいでしょう。

物流の未来を形成する３つの変化

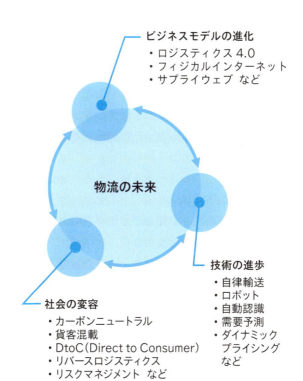

変化に適応できなければ勝ち残れない

78 フィジカルインターネット

▶ 物流をインターネットのようにすることで最適化

インターネットによる通信では、データをパケットと呼ばれる小さな単位に分割することで、不特定多数による回線の共有を実現しました。フィジカルインターネットとは、この仕組みを物流ネットワークに適用することで最適化を図ろうとする概念です。

フィジカルインターネットを実現するためには、輸配送するモノをコンテナに入れるなどしてサイズや形状を規格化する必要があります。そのコンテナを積み替える拠点や運用方法の整備も欠かせません。

実をいえば、海上コンテナによる輸送はフィジカルインターネットの概念を具現化しています。フィジカルインターネットはそれをより小さな輸送単位で実現しようとしているのです。

▶ 日本政府はロードマップの策定などを通じて推進

日本政府はフィジカルインターネット実現会議を組成し、2040年を目標としたロードマップを策定するなど、その実現に向けた取り組みを後押ししています。第4章の46で紹介した化学品以外にもスーパーマーケットや建材・住宅設備などを対象としたワーキンググループが設置されており、企業間での連携が加速すると期待されます。

フィジカルインターネットの世界観

通信・物流のインターネット化（イメージ）

通信

固定回線（回線交換）
交換機　交換機

回線を専有

IPネットワーク（パケット交換）
ルーター　ルーター

回線を共有

物流

従来の物流 — サイズは各社各様

トラックを専用

フィジカルインターネット — サイズを規格化

トラックを共用

フィジカルインターネットの実現による価値

効率性	物流が究極的に効率化される
強靭性	物流がいついかなるときも止まらなくなる
良質な雇用の確保	物流が成長産業になる
ユニバーサル・サービス	物流が開放的・中立的な社会インフラになる

出所：フィジカルインターネット実現会議「フィジカルインターネット・ロードマップ」（2022年3月）をもとに筆者作成

79 サプライウェブ

▶「チェーン=鎖」から「ウェブ=クモの巣」への進化

　企業間の取引は総じて固定的であるがゆえに、調達先・納品先と連携することで、調達・生産から販売までのサプライチェーン全体を最適化することができました。この産業構造が大きく変わろうとしています。

　その典型は自動車業界です。第4章の44で述べたように、EVへのシフトは取引先との関係を流動化させます。ソニーが自動車を開発し、トヨタがスマートシティを構想するなど、業界の境を越えた競争も拡大しています。この種の変化が程度の差はあれ多くの業界で生じつつあることを考えると、不特定多数の調達先・納品先との取引を基本としたサプライウェブへの進化は不可避と見るべきです。

▶ 不特定多数との取引を支えるプラットフォームの出現

　不特定多数との円滑な取引を実現するためには、各社をつなぐプラットフォームの存在が重要になります。第3章の38で紹介したマッチング事業者はその一例です。開発、調達、生産、販売といった物流以外の領域でも様々なプラットフォームビジネスが出現しています。こういったプラットフォームを活用すれば、不特定多数との取引を拡大できるはずです。一方で、自らがプラットフォーマーになることで飛躍的な成長を実現するチャンスもあります。

サプライチェーンとサプライウェブの世界観

サプライチェーン

特定の調達先・納品先との固定的な関係を基盤とした供給プロセス

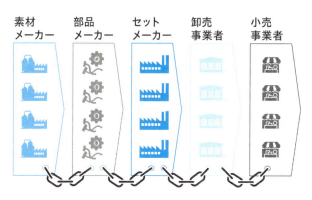

サプライウェブ

不特定多数の調達先・納品先と円滑に取引できる供給ネットワーク

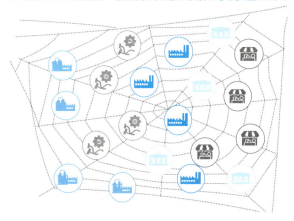

80 自律輸送

▶ 自動運転トラックは近未来に実用化する公算

　自動運転トラックの実用化に向けた取り組みは着実に進んでいます。2024年6月には、スタートアップのT2が新東名高速道路での100km超の連続自動走行に成功しました。政府の検討会が作成したロードマップでは、2026年度以降に高速道路での自動運転を実用化するとの目標を掲げています。中長期での計画は想定どおりに進まないとはいえ、自動運転は遠い未来の話ではなくなったのです。

　自動運航船、ドローン、自動配送ロボットの実証実験も各地で実施されています。こうした取り組みを通じて事業化への展望が開けようとしています。

▶ 脱労働集約により運送会社や海運会社の戦い方は一変

　自律輸送の実現はドライバーや船員の不足を解消するだけではありません。自動運転トラックや自動運航船の数を増やしさえすれば、より多くのモノをより遠くに運べるとなったとき、輸送は装置産業化します。序章の4で述べたように、脱労働集約を成し遂げられるわけです。

　結果として、投資により規模を拡大し、スケールメリットを高めることが重要なビジネスに転換します。すぐにではないとはいえ、人を集めて教育をすればよかった時代が終焉を迎えつつあるといっても大げさではないでしょう。

自律輸送の種類と実用化への道筋

主な自律輸送と初期の運用

自動運転トラック
環境が単純で制御しやすい高速道路で運用

自動運航船
陸上からの制御が容易な内航海運で運用

ドローン
道路インフラが脆弱で実用性の高い過疎地で運用

自動配送ロボット
安全性を確保しやすい歩道での低速走行を基本に運用

自動運転トラックの実用化に向けたロードマップ案

	黎明期 （2026年度以降）	普及期 （2030年度以降）	成熟期 （2035年度以降）
乗員	保安要員のみ （運転しない）	無人	無人
走行区間 （高速道路のみ）	関東〜関西の全区間または特定区間	関東〜関西の全区間	関東〜関西の全区間＋以西
走行時間帯	夜間走行中心 （天候への対応は徐々に拡大）	夜間走行中心 （天候への対応は徐々に拡大）	全時間帯・全天候
事業体制	大手物流会社	共同運行母体 （車両の保有、運行管理など）	共同運行母体 （車両の保有、運行管理など）
中継エリア／物流施設	なし	中継エリアを設置	中継エリアと物流施設を設置
緊急時の対応	保安要員にて対応	駆けつけによる手動運転への切替または自動運転の再開	駆けつけによる手動運転への切替または自動運転の再開

出所：自動走行ビジネス検討会「自動走行の実現及び普及に向けた取組報告と方針 version7.0 参考資料」（2023年4月28日）をもとに筆者作成

81 ロボット

ロボットの活用拡大により脱労働集約が進展

物流センターでは、GTPやAMR（15参照）などのロボットの活用が拡大しています。例えば、3PLのロジスティードは各種の先進的な機器を多数導入することによって72％もの省人化を実現したFC（13参照）を開設しました。土日祝日を含めた20時間稼働や物流品質の高度化など、ロボットを最大限活用することでの成果を得ています。

翻って、ロボットの機能性・経済性が格段に向上し、荷役や包装などの作業を完全に自動化できたとき、物流センター間での品質や生産性の差はなくなります。最新鋭のロボットを導入しさえすれば、品質や生産性を高められるからです。公道を走行する自動運転トラックとは違って法改正を必要としないことを考えれば、輸送よりも先に脱労働集約が進むことを想定すべきです。

物流センターを取り巻く競争環境が変化

ロボットの普及は競争環境も変化させます。物流施設を開発・提供するだけであったデベロッパーが、ロボットを配備し、荷役や包装などの作業を請け負うようになるかもしれません。人手の確保が重要でなくなれば立地戦略も変わります。長期戦略を描くにあたっては、こういった事業環境の将来変化を織り込むことが大事です。

物流センターの未来

物流センターでの作業の未来（例）

	従来	未来
荷下ろし	フォークリフトや手作業で荷下ろし	AGFやデバンニングロボットが荷下ろし
運搬	フォークリフトや台車で運搬	AGVやAGFが運搬
保管	フォークリフトや手作業でラックの上に保管	ロボットストレージシステムにより保管
ピッキング	フォークリフトや手作業でピッキング	GTPとピッキングロボットによりピッキング
包装	手作業で包装	製函などの機能を備えた自動包装システムが包装
仕分け	手作業で仕分け	ソーターにより仕分け
積み込み	フォークリフトや手作業で積み込み	AGFやバンニングロボットが積み込み

物流センターを取り巻く事業者の未来（例）

	従来	未来
倉庫会社	ノウハウの蓄積により作業の品質や生産性を高めることで差別化	ロボットの活用により品質や生産性を高める一方で、自動化しにくい特別な作業を請け負うことで差別化
デベロッパー	人手を確保しやすく、輸送の利便性も高い場所に立地した物流施設を開発・提供	輸送の利便性を追求した場所に立地し、各社のロボットを活用した保管・荷役・包装サービスを提供
ロボットメーカー	機能性・経済性に優れたロボットを開発・販売	輸送の利便性に優れた物流施設を確保し、自社のロボットを活用した保管・荷役・包装サービスを提供

82 自動認識

商品の種類や数を確認する上でRFIDは有用

　商品の種類や数を確認する上で、RFIDは有用なツールです。商品にRFIDタグが貼られていれば、箱に入っていたとしても、瞬時にその種類と数を検出できます。

　活用にあたっての最大の難点はRFIDタグの価格です。1枚1円を切れば使い捨てでも経済性を確保しやすくなりますが、現状は億枚単位の発注であっても5円程度を要します。普及に向けてはさらなるコストダウンが必須です。

他社の動向を見据えつつ最適な仕組みを構築

　カメラやセンサーを用いた画像認識でも商品の種類や数を把握することは可能です。RFIDのように、箱の中にある商品を検出することはできませんが、タグを付けるという追加のコストは発生しません。

　検品やレジでの精算などを自動化するにあたり、RFIDと画像認識のどちらを採用すべきか、今後の技術革新や普及の動向を見据えて戦略的な意思決定を下すことが求められます。当然ながら、自社にとって最適な仕組みを構築することが大切です。一方で、同業他社の多くが自社とは異なる仕組みを採用したとすれば、前章で解説した垂直・水平連携を図りにくくなります。他社と協調しつつ、自社と業界全体の双方に最適な仕組みを追求すべきです。

RFIDと画像認識の仕組みと評価

	RFID	画像認識
仕組み	商品に付けたタグとリーダーが通信することで種類や数を把握 リーダー　タグ付きの商品	カメラやセンサーで商品の種類や数量などを把握 カメラやセンサー　商品
利点	・複数の商品を瞬時に把握できる ・箱の中にある商品を検出できる ・商品の種類別ではなく、個体別に異なるコードを付与できる　など	・商品の種類や数量だけではなく、形状や汚破損などを検出できる ・登録されていない商品であっても数量を把握できる　など
欠点	・リーダーやタグなどの調達・導入に費用を要する ・あらかじめ商品にタグを付ける必要がある ・タグを付ける企業と、検品や精算でタグを利用する企業が必ずしも同一ではなく、受益と負担の不一致が生じやすい　など	・カメラやセンサーなどの調達・導入に費用を要する ・照度や機器の状態などにより認識精度が低下することがある ・対象となる商品が多いと認識に時間を要することがある　など
活用に適した企業	・受益と負担の不一致が生じにくいSPA（製造小売業） ・タグを大量に調達することで単価を抑制することが可能な大手企業　など	・カメラやセンサーを売り場に配置することでレジレスを実現できる小売事業者 ・製品の種類や数だけではなく不良品を検出する必要があるメーカー　など

83 需要予測

▶ 需要予測の精度向上は収益の拡大に直結

　需要予測の精度を高めることは収益の拡大に直結します。過剰生産・在庫や廃棄ロスがなくなれば、その分だけコストを減らせます。消費者のニーズに即した商品を開発し、的確な販促活動を展開できれば、売上が拡大するでしょう。

　そのためには、様々な情報を収集・分析する必要があります。過去の出荷・販売実績や市場全体の成長性がわかれば、今後の売れ行きをある程度予測できます。天候、季節、曜日による販売量の差異を検証して出荷量を最適化することも有効です。出荷計画の作成にあたっては、特売やイベントの実施も考慮すべきです。SNSへの投稿やウェブサイトの閲覧・検索履歴をもとに、トレンドの盛衰を見極めることもめずらしくなくなりました。

▶ AIの活用による需要予測の高度化

　かつては人による需要予測が一般的でした。しかしながら、情報の種類・数量が膨大になる中で、すべてを人が処理することは非現実的になりつつあります。

　他方、AIはこういった膨大な情報を分析することに長けています。AIを搭載した需要予測システムの機能性が高まっていることを考えると、経営を高度化するためのツールとして戦略的に活用することも検討すべきでしょう。

需要予測に求められる情報と提供価値

実績
- 出荷・販売実績
- 受注実績
- リードタイム など

市場環境
- 市場規模
- 平均単価
- 競合の販促活動 など

外部要因
- 天候
- 季節
- 曜日 など

自社・取引先の販促活動
- 特売の実施
- イベントの開催
- 広告出稿 など

消費者の行動
- SNSへの投稿
- ウェブサイトの閲覧・検索履歴
- 位置情報 など

需要予測

開発	調達・生産	在庫・出荷	販売
消費者のニーズに即した商品の開発 など	過剰生産や廃棄ロスの最小化 など	過剰在庫や欠品の最小化 など	消費者の購買行動に即した販促活動の展開 など

84 ダイナミックプライシング

▶ ダイナミックプライシングの導入による優位性の構築

　人の移動では、需給に応じて価格を変動するダイナミックプライシングが普通になりました。航空券や宿泊施設は季節や曜日などによって価格が大きく変わります。結果として、収益の最大化だけではなく、設備や人員の稼働を平準化できます。

　対して、物流はどうでしょうか。宅配便は年末年始や日曜日だからといって価格を変えたりしません。曜日によって大型家具の送料を変えているニトリは例外的存在です。

　とはいっても、人流でダイナミックプライシングの活用が進んだことを踏まえれば、物流でも同様の動きがあると見るべきです。他社に先んじてダイナミックプライシングを導入し、差別的優位性を構築することも一考です。

▶ メニュープライシングを導入することの重要性

　実のところ、物流では取引条件に応じて価格を変動するメニュープライシングの導入も進んでいません。ECの送料は概して一定の金額以上を購入すると無料になりますが、B to Bの取引ではそういった価格設定をしていないことが一般的です。受発注ロットや方式、リードタイムなどの条件次第で異なる価格を設定し、以て負荷軽減へのインセンティブを働かせることが期待されます。

プライシングのあり方

ダイナミックプライシングの仕組み

固定価格
価格を固定することで機会損失が発生

ダイナミックプライシング
需要に応じて価格を変えることで収益を最大化

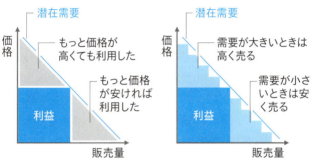

メニュープライシングの項目と取引条件（例）

項目	取引条件
受発注ロット	・N個以上、Nトン以上といった最低受発注ロットを規定 ・受発注ロットに応じて物流費を変動 など
受発注方式	・ＥＤＩ（企業間での電子データの交換）での受発注 ・ウェブシステムでの受発注 ・メールでの受発注 ・FAXでの受発注 ・電話での受発注 など
リードタイム	・受発注後翌々日納品といったリードタイムを規定 ・規定外の即納依頼には追加の物流費を請求 など
納品方法	・車上渡し（目的地まで輸配送し、荷下ろしは行わない） ・軒先渡し（目的地まで輸配送し、荷下ろしして軒先まで運ぶ） ・置場渡し（目的地まで輸配送し、荷下ろしして指定の場所に運ぶ）など

85 カーボンニュートラル

物流でのCO₂排出量の削減は脱炭素化の実現に必須

　企業にとって脱炭素化の対象は自社の拠点で直接・間接的に排出される温室効果ガスだけではありません。原材料の調達、販売した製品の使用、さらにはそういったモノを輸配送するときに発生する温室効果ガスも対象になります。

　日本全体のCO₂排出量に占める物流の割合は8％強です。製造業などと比べれば小さいものの、見過ごせない規模です。特に、物流のCO₂排出量の約85％を占めるトラック輸送は、多くの企業において脱炭素化への取り組みを検討すべき領域となるはずです。

企業として戦略的に取り組むことが大事

　脱炭素化を進めることは社会的に重要ですが、収益を過度に失すれば経営が立ち行かなくなります。それゆえ、まずは輸送効率の向上のように、**物流費とCO₂排出量の双方を削減できる施策を検討・実行することが肝要**です。

　排出量の大小にも目を向けることも大切です。例えば、海外生産・販売を主体とする企業は、日本ではなく、その地域での排出量削減を優先的に検討すべきでしょう。

　生産拠点の分散やEVの導入など、相応の投資を要する施策もあります。炭素税の導入をはじめとする事業環境の変化を見据えつつ、戦略的判断を下すことが求められます。

CO₂排出量の現状と削減の方向性

温室効果ガス排出量の算定・報告対象

上流	自社	下流
スコープ3 原材料　物流 他に、通勤・出張、資本財、廃棄物など	スコープ1 燃料の燃焼 スコープ2 電気の使用	スコープ3 物流　製品の使用 他に、製品の加工・廃棄、リース資産、投資など

日本のCO₂排出量（2022年度）

- その他 —— 7.0%
- 発電所・製油所など —— 8.0%
- **物流** —— 8.2%
- 旅客 —— 11.2%
- 家庭 —— 15.3%
- 第三次産業 —— 16.4%
- 製造業・農林水産業等 —— 34.0%

物流内訳：
- 物流拠点 —— 4.6%
- 鉄道輸送 —— 0.4%
- 航空輸送 —— 8.3%
- 海上輸送 —— 1.1%
- トラック輸送 —— 85.6%

注：電気・熱配分後のCO₂排出量
出所：温室効果ガスインベントリオフィス「日本の温室効果ガス排出量データ」をもとに筆者作成（筆者による推計を含む）

CO₂排出量の削減方法（例）

輸送効率の向上
- 出荷頻度の低減
- 輸送車両の大型化
- 共同配送の推進　など

輸送距離の短縮
- 配送経路の最適化
- 生産拠点の分散
- 納品先地域の集中化　など

輸送手段の変更
- モーダルシフト
- バイオ燃料の使用
- EVの導入　など

86 貨客混載

▶ 人口減に対応するためには貨客混載の推進が不可欠

　貨客混載とは、貨物と旅客を1つの輸送手段で運ぶことを指します。フェリーでの海上輸送、ベリーでの航空輸送はその一例です。

　日本では、ドライバー不足を背景に規制緩和が進んだことで、トラック、バス、タクシーによる貨客混載が全国的に可能となりました。もっとも、トラックが旅客を運ぶことは難しく、その中心はバスやタクシーによる貨物の輸送です。少子高齢化による人口の減少は今後も続くことを考えると、貨客混載による物流・人流の持続性向上はいやがうえにも重要性を増すでしょう。

▶ 物流・人流を持続できるビジネスを輸出できる可能性

　人口の減少が甚だしく、バスやタクシーの運行さえ難しい地域では、デイサービスや訪問介護といった輸送・移動を収益の主体としない事業と組み合わせることが考えられます。法改正の動向次第では、ライドシェアの活用により物流・人流の持続性を高められるかもしれません。

　日本は高齢化先進国です。だからこそ、生産年齢人口の割合が縮小しても物流・人流を持続できる仕組みを構築し、これから高齢化が進む諸外国に販売できれば、新たな輸出産業とすることも十分に考えられるはずです。

貨客混載の事例と発展の方向性

貨客混載の事例

事業主体	事業概要
西米良村など	西米良村営バスが西米良村中心部から約21km離れた小川地区まで貨客混載で宅配3社の荷物などを輸送
十勝バス／佐川急便	十勝バスが路線バスを貨客混載専用に改造し、帯広市から約80km離れた広尾町まで貨客混載で佐川急便の荷物を輸送
東濃鉄道など	東濃鉄道の高速バスがトランク内の空きスペースを利用して岐阜県で生産したイチゴを貨客混載で首都圏に輸送
スイトトラベル／西濃運輸	スイトトラベルのタクシーが合間の時間を利用して山間部に住む個人宛の西濃運輸の荷物を配送

デイサービスの送迎バスによる貨客混載（イメージ）

87 DtoC
(Direct to Consumer)

▶ ユーザーとの直接的な接点を持つことで優位性を構築

　企業が卸・小売を介さず、直接消費者に商品を販売・提供するD to C（Direct to Consumer）が広がりを見せています。その特徴は流通コストを要さないことだけではありません。サブスクサービスの提供、ユーザーとのダイレクトなコミュニケーションなどを通じて商品性だけではない差別化要素を生み出したり、継続的な関係を構築したりすることが可能です。

　他方、D to Cの展開にあたっては、当然ながら、自社サイト・店舗を開設する必要があります。情報発信や広告により集客すること、個人向けの販売に適した仕組みを構築することなども求められます。つまり、事業化には少なからぬ手間とコストを要するわけです。

▶ 流通構造の変化を先取るビジネス

　とはいえ、79で述べたように、既存の流通構造は大きく変わりつつあります。そのことを踏まえると、中間流通を介さないことで優位性を発揮しようとするD to Cは、時代を先取るビジネスといってもよいでしょう。

　ECの伸長はフルフィルメント事業者の存在によって支えられました。D to Cの事業化が簡単ではないことを考えると、それを支えるビジネスも拡大すると見るべきです。

D to Cの特徴と事例

D to Cの特徴

通常の流通：企業（企画・開発）→ 卸売 → 小売 → 消費者

D to C：企業（企画・開発）→ 自社サイト・店舗 → 消費者

- 流通コストがかからない
- サブスクなどの売切りではないビジネスを展開しやすい
- ブランドコンセプトを発信しやすい など

- ユーザーとダイレクトにコミュニケーションできる
- ユーザーの情報を収集・分析しやすい
- ユーザーとの継続的な関係を築きやすい など

D to Cの事例

事業主体	事業概要
キリン（ビール）	つくりたてのビールを工場から直送し、家庭用ビールサーバーで楽しめるサブスクサービスの提供によりユーザーの囲い込みを実現
セイバン（ランドセル）	自社サイト・店舗での限定商品の販売、6年間の無料修理保証や代替ランドセルの無料貸出などにより商品性だけではない差別化を実現
エレコム（PC周辺機器）	自社サイトにて在庫処分品やパッケージ不良商品の販売、大量購入への追加値引などを行うことで、消費者への訴求と在庫回転率の向上を実現

88 リバースロジスティクス

▶ 返送されたモノを検品・再出荷するビジネスの拡大

　生産者から消費者に運ばれるモノの流れを人間の血液循環になぞらえて動脈物流、その反対を静脈物流といいます。前者が物流の大部分を占めるわけですが、近年は後者であるリバースロジスティクスへの注目が高まっています。

　その第一の理由として、レンタルやサブスクといった売切りではないサービスの増加が挙げられます。こういったサービスでは、ユーザーから返送されたモノを検品し、必要に応じて補修などを行った上で、再出荷可能な状態にする必要があります。先駆的なフルフィルメント事業者はその機能を提供することで新たな事業機会を獲得しています。

▶ リバースロジスティクスは循環型社会の形成に必須

　資源循環の重要性が高まっていることもポイントです。リサイクル率の向上による廃棄物の削減もさることながら、日本の経済安全保障を強化するためにはレアメタルに代表される地上資源の回収が欠かせません。一例として、EVで使われたバッテリーを蓄電池としてリユースし、最終的にはリサイクルによりレアメタルを回収するといった仕組みが作り上げられようとしています。循環型社会の形成に必要なリバースロジスティクスビジネスの展開は、社会的にも経済的にも大きな価値をもたらすはずです。

リバースロジスティクスの全体像と発展の方向性

リバースロジスティクスの全体像

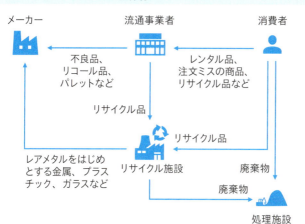

EVのバッテリーリサイクル(イメージ)

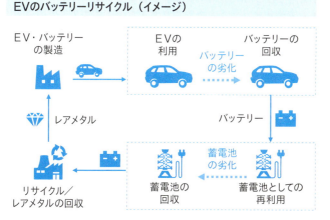

89 リスクマネジメント

▶ 物流のリスクマネジメントでは他社との連携が大事

　近年、地震や台風をはじめとする自然災害、コロナ禍に代表されるパンデミック、サイバーアタック、テロや紛争など、物流を脅かす様々な危機が発生しています。リスクマネジメントとは、こういった危機の発生をあらかじめ想定し、対策を講ずるとともに、その発生時には迅速かつ的確に対処することで事業の継続性を高める取り組みです。

　物流は自社のリソースのみを対象にリスクマネジメントを強化しても事業の継続性を十分に高められません。調達先が被災すればモノが届かなくなります。委託先の倉庫会社が被害を受ければ出荷は困難です。港湾や空港の閉鎖により輸送ルートの変更を余儀なくされることもあります。それゆえ、他社と連携して対策を講ずることが肝要です。

▶ リスクの大きさや発生頻度をもとに適切な対策を実行

　リスク対策にかけるべきコストは、そのリスクの大きさや発生頻度をもとに判断します。リスクが大きく、発生頻度が高ければ、相応のコストを費やして然るべきです。

　リスク対策とはいっても、その発生を防ぐだけではなく、被害を軽減したり、復旧しやすくしたりすることも大事です。発生頻度の低いリスクについては保険によりカバーすることも考えられます。

リスクマネジメントの全体像とプロセス

主要な危機とリスクマネジメントでの論点（例）

地震
- どこでどの程度の地震があることを想定するか
- 人命をどのように守るか
- ライフラインの途絶にどう対応するか　など

水害
- どの拠点にどの程度の浸水があることを想定するか
- 気象予報をどう活かすか
- 誰が何を基準に運行の中止を判断するか　など

パンデミック
- どこでどのような感染が広がることを想定するか
- 何をどの程度備蓄するか
- 物流機能の維持と社員の感染防止をどう両立させるか　など

サイバーアタック
- どのような対策を講ずるか／取引先や委託先にどのような対策の実行を求めるか
- 被害をどう認識するか
- 社内外にどう説明するか　など

リスクマネジメントのプロセス（例）

平時	構築	・リスクマネジメントの方針を策定 ・リスクの大きさと頻度をもとに適切な対策を実行　など
危機発生時	初動	・早期避難により人的被害を最小化 ・取引先や委託先も含めた被害の範囲・程度を把握　など
	維持	・本社の管理業務を一時停止した上で現場に人員をシフト ・他拠点からの応援により優先度の高い業務を継続　など
	復旧	・施設・設備の補修により物流センターとしての機能を回復 ・輸送手段を確保することで荷物の滞留を解消　など
平時	評価	・被害状況を踏まえてリスクの大きさや頻度を再評価 ・必要に応じて追加の対策を実行　など

90 ロジスティクス革命

▶ 非連続な成長により脱労働集約を実現

　物流の世界では、過去に様々な変革がありました。鉄道やトラックの登場により輸送力が強化され、海上コンテナは荷役を効率化しました。結果として労働生産性は大幅に向上しましたが、労働力に依存していることは何も変わっていません。連続的な進化に過ぎなかったからです。

　遠くない未来、この世界が一変します。そのトリガーは脱労働集約の旗手である自動運転とロボットの普及です。それは人を不要にするだけではなく、現場をデジタル化します。需要予測やダイナミックプライシングは当たり前になるでしょう。CO_2排出量や貨客混載の事業性も見える化されます。そして、フィジカルインターネットやサプライウェブの世界観が現実のものとなるのです。

▶ かつてない物流を創造する千載一遇の好機

　2000年代初頭、スマートフォンを持っている人はごくわずかでした。それが今では誰しもが手にし、YouTubeを見て、LINEで無料通話をします。世界は劇的に変わりました。物流でも同じことが起きようとしています。新しい世界を創造した企業は、「なくてはならない存在」になります。それを実現するチャンスは、この本の読者も含めたすべての人にあるのです。

ロジスティクス革命の描く未来

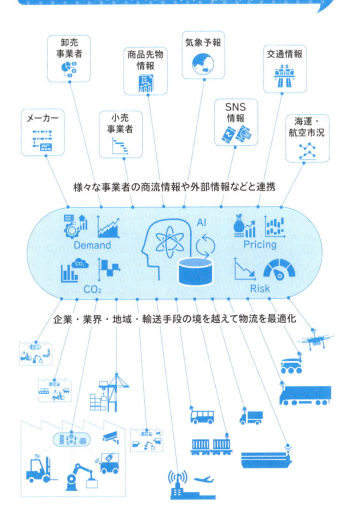

物流と人流

　「人の移動」では、デジタルツールの利用が当たり前になりました。地図アプリを使えば、目的地までの経路と移動手段がわかります。ウェブサイトで希望の条件に合う航空券やホテルを手配することも簡単です。
　一方、「モノの輸送」では、未だに人を介することが一般的です。なぜなら、「人の移動」よりも格段に多くの変数が存在するからです。人とは違ってサイズや性状が様々であるだけではなく、低温での管理が必要なモノもあります。トラックで運ぶにしても、バン、ウイング、スワップなど、ボディ形状の指定を受けることはめずらしくありません。「過去に臭いがつくモノを運んでいない」といった条件がつくこともあります。つまり、変数が多すぎるため、デジタルに最適解を導出しようとすると膨大な時間を要してしまうのです。
　とはいえ、それも「時間の問題」です。量子コンピュータをはじめとする次世代情報処理システムの実用化は膨大な変数の処理を可能とします。いつかは物流も人流のようになると見るべきです。「人流の"今"」は「物流の"未来"」を指し示す道標なのです。

日経文庫案内

〈E〉流通・マーケティング

- 44 競合店対策の実際　鈴木哲男
- 48 小売店長の常識　木下・竹山
- 52 消費者行動の知識　青木幸弘
- 54 物流がわかる　角井亮一
- 56 オムニチャネル戦略　角井亮一
- 57 ソーシャルメディア・マーケティング　水越康介
- 58 ロジスティクス4.0　小野塚征志
- 59 ブランディング　中村正道

〈F〉経済学・経営学

- 4 マクロ経済学入門　中谷巌
- 16 コーポレートファイナンス入門　砂川伸幸
- 22 経営管理　野中郁次郎
- 28 労働経済学入門　大竹文雄
- 30 経営組織　金井壽宏
- 33 経営学入門(上)　榊原清則
- 34 経営学入門(下)　榊原清則
- 38 はじめての経済学(上)　伊藤元重
- 39 はじめての経済学(下)　伊藤元重
- 40 組織デザイン　沼上幹
- 51 マーケティング　恩蔵直人
- 52 リーダーシップ入門　金井壽宏
- 55 ポーターを読む　西谷洋介
- 56 コトラーを読む　酒井光雄
- 59 日本の経営者　日本経済新聞社
- 61 行動経済学入門　多田洋介
- 62 仕事に役立つ経営学　日本経済新聞社
- 63 身近な疑問が解ける経済学　日本経済新聞社
- 65 マネジメントの名著を読む　日本経済新聞社
- 66 はじめての企業価値評価　砂川・笠原
- 67 リーダーシップの名著を読む　日本経済新聞社
- 68 戦略・マーケティングの名著を読む
- 69 カリスマ経営者の名著を読む　高野研一
- 70 日本のマネジメントの名著を読む
- 71 戦略的コーポレートファイナンス　中野誠
- 72 企業変革の名著を読む　日本経済新聞社
- 73 プロがすすめるベストセラー経営書　日本経済新聞社
- 74 ゼロからわかる日本経営史　橘川武郎
- 75 やさしいマクロ経済学　塩路悦朗
- 76 ゲーム理論とマッチング　栗野盛光
- 77 イノベーションの考え方　清水洋
- 78 教育投資の経済学　佐野晋平

ビジュアル版

- マーケティングの基本　野口智雄
- 日本経済の基本　小峰隆夫
- 品質管理の基本　内田治
- マーケティング戦略　野口智雄
- ロジカル・シンキング　平井・渡部
- ビジネスに活かす統計入門　内田・兼子・矢野
- ビジネス・フレームワーク　堀公俊
- アイデア発想フレームワーク　堀公俊
- 図でわかる会社法　柴田和史
- 資料作成ハンドブック　清水久三子
- マーケティング・フレームワーク　原尻淳一
- 図でわかる経済学　川越敏司
- 7つの基本で身につく エクセル時短術　一木伸夫
- AI（人工知能）　城塚音也
- ゲーム理論　渡辺隆裕
- 働き方改革　岡崎淳一
- 職場と仕事の法則図鑑　堀公俊
- いまさら聞けない人事マネジメントの最新常識　リクルートマネジメントソリューションズ
- ビジネスモデルがわかる　井上達彦
- データサイエンティスト 基本スキル84　野村総合研究所データサイエンスラボ
- ショートカットキー時短ワザ事典　日経PC21

小野塚征志(おのづか・まさし)

株式会社ローランド・ベルガー パートナー。
慶應義塾大学大学院政策・メディア研究科修了後、富士総合研究所、みずほ情報総研を経て現職。
ロジスティクス／サプライチェーンを中心に様々な戦略コンサルティングを展開。
経済産業省「産業構造審議会 商務流通情報分科会 流通小委員会」委員、国土交通省「2020年代の総合物流施策大綱に関する検討会」構成員などを歴任。
近著に『ロジスティクス4.0』(日経文庫)、『サプライウェブ 次世代の商流・物流プラットフォーム』(日本経済新聞出版)、『DXビジネスモデル』(インプレス)など。

日経文庫
ビジュアル
ロジスティクスがわかる
2024年11月22日 1版1刷

著　者	小野塚　征志
発行者	中川　ヒロミ
発　行	株式会社日経BP 日本経済新聞出版
発　売	株式会社日経BPマーケティング 〒105-8308　東京都港区虎ノ門4-3-12
印刷・製本	三松堂
装丁・本文デザイン	尾形 忍(Sparrow Design)
イラスト	加納徳博

ISBN 978-4-296-11956-1
© Masashi Onozuka,2024

本書の無断複写・複製(コピー等)は著作権法上の例外を除き、禁じられています。購入者以外の第三者による電子データ化および電子書籍化は、私的使用を含め一切認められておりません。本書籍に関するお問い合わせ、ご連絡は下記にて承ります。
https://nkbp.jp/booksQA

Printed in Japan